圓瑛法師開示語錄

貪於取者慳於與，為富不仁，諂於尊者慢於卑，相陵以勢。
挾偏倚之見，矯枉過中，失好惡之公，習非成是。

圓瑛法師——著
明暘法師——輯錄

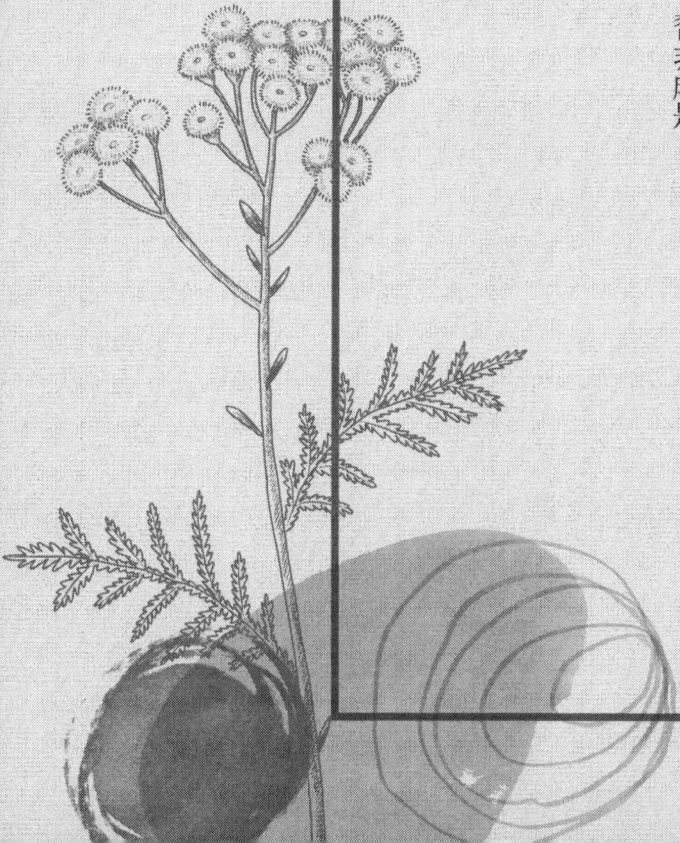

圓瑛老法師七四德相

諸供養中法供養最當知
佛法所以覺悟人心維持世道
菩薩依之修證必能離苦得樂
普願自覺覺他攝勸化同
發菩提心齊成無上道

三求堂主人圓瑛題

圓瑛

圓瑛法師講演錄總目

弟子明暘敬集

序言

粤稽阿難結集，裒世尊石窟之經，迦葉宣流，敘如來金剛之口。是以西天梵篋，歷千劫而不磨，東土宗乘，徧十方而横貫也。繇今溯古，代有燈傳，智慧辯才，多資筏喻。維我滬上圓明講堂
圓瑛老法師，名高宗匠，望重僧伽，通經律論之萬言，融空假中之三諦，書成貝葉，纂述已自等身，妙旨法華，讚歎燦於蓮舌。遠師光統，敎以圓名，近接眞言，智緣明定。山陬海澨，羣思錫杖遙臨，斗北天南，爭覩金襴勝服。

老法師徇紳者之請，爲遐邇歡迎，或登泰岱而訪燕沽，或涉閩江而攀庾嶺，吳山越水，遊履頻經，鄂渚灞川，扁舟曾泛，舉凡壇場建立，臺座莊嚴
老法師不離經以說法，經以訓常，不泥法以談經，法無自性。顧與其出艱深奧衍之辭，徒使望洋興歎，奚若闡世俗淺近之理，能敎頑石點頭。然而世界娑婆，人心顚倒，迷由誤轉，誠與勸俱。夫貪於取者慳於與，爲富不仁，諂於尊者慢於卑，相陵以勢。挾偏倚之見，矯枉過中，失好惡之公，習非成是。邪淫以奪人之節，其罪報自難言，嗜殺以戕物之生，其臨終多索命。卽因卽果，天道

之常經，有悔有慚，良心之未泯。故謗佛能投於羂索，惡業全消，旃陀若放下屠刀，善根增長。憍陳那儕二十五大士，取音聲爲圓通，觀自在現三十二化身，以愛語相攝受。凡茲廣長舌相，悉是菩薩心腸，輪軌邁萬里餘程資糧。輯廿有六則，題曰講演錄，紀實云爾。歲次丁亥仲夏，時維五月，恭逢　老法師慶衍稀齡，却酥酡供養之常規，納文字流通之請願，慧江偕京諸弟子衆醵貲表悳，競獻朱提，謀梓斯篇，用垂奕禩。在親嘗法乳者，曰如是我聞，即引領下風者，亦恍聆道要也。然手編鉅製，脛走遐方，不有序言，罔知緣起，吷吹劍首，舉腔敢儗於維那，糞着佛頭，噱笑徒貽於大雅。

弟子　**傅慧江　謹序**

圓瑛法師講演錄

觀世音菩薩聖誕

上海圓明講堂

觀世音菩薩者，大悲經云：此菩薩有不可思議威神之力，已於過去無量劫前成佛，號正法明如來。以大悲願力，爲欲安樂一切衆生故，倒駕慈航，復入生死苦海，現菩薩身，隨機赴感，無處不周。千處祈求千處應，苦海常作渡人舟。

楞嚴經菩薩自述，因地發心，修證之法云：過去恆河沙劫，於時有佛出世，號觀世音如來，我於彼佛，發菩提心。（梵語菩提，此言道，卽發大道心，上求佛道，下化衆生也。）彼佛教我，從聞思修，入三摩地；彼佛教我，從耳根修證。大凡衆生耳根，都是聞出去，聞世間種種音聲，分別好聽不好聽，而生憎愛之惑；依惑必定造業；依業必定受生死苦報。是爲順聞出流，背覺合塵，循塵流轉，則耳根卽是生死結根也。

彼佛教菩薩，不要聽出去，要聽進去，是爲反聞入流（入法性流）。背塵合覺，背世間之聲塵，合本有之覺性。但從聞中，提起正智，思察能聽聞者是誰，時時參究修習。是則聞思修三慧具足，念念回光返照，照自己能聽聞之聞性。聞性卽是眞心，卽是本人之佛性。佛教其做離塵照性工夫，觀照功深，自可得入三摩地（梵語三摩地，此言正定，卽是證耳根圓通。），則耳根卽是涅槃妙門也。

菩薩證耳根圓通之後，得身口意三輪不思議業。身業、能現種種神通，一身現無量身，於無量世界，敎化衆生，令得返迷歸悟，救度衆生，令其離苦得樂。　口業、能說種種妙法，或說世間法，或說出世間法，普令信解修持，各得其益。　意業、能鑒種種機，應以何身得度，卽現何身；應以何法得度，卽說何法，法必契機，自在成就，是爲三十二應，入諸國土，故觀世音名號，徧及十方世界。

菩薩大悲願力，救拔衆生苦惱，十方衆生，受諸苦惱，供養恭敬菩薩，一心稱念菩薩名號，菩薩卽時觀其音聲，尋聲救苦，令得解脫。　此娑婆世界，是五濁惡世，苦難最多，菩薩悲心更切。又此界衆生與菩薩之緣最深，故菩薩常遊娑婆，拔濟羣苦。如法華經普門品云：「或諸衆生，受諸苦惱，或遭水火風三災之難，或諸鬼難，或刑戮難，或枷鎖難，或寃賊難，一心稱念，菩薩名號，皆得卽時感應，脫離衆難。」

或有衆生，多諸貪欲、瞋恚、愚癡，畏墮地獄、餓鬼、畜生三途惡報，若能常念觀世音菩薩名號，則以念力，對治欲心。仗威神消除業障，便得離貪；以念力降伏瞋機，仗慈風掃除恚熱，便得離瞋；以念力破除癡暗，仗正見滅除邪執，便得離癡。能令衆生，化貪瞋癡三毒之心，永斷三途惡因。

或衆生無有男女，心生怖畏，年老無人奉事，宗支無人承繼，常念恭敬菩薩，便生福德智慧之男，端正柔順，衆人愛敬有相之女。

或衆生持念觀世音菩薩名號，未念現住世間諸法王子，（卽菩薩之別稱，佛爲法王，菩薩是法王眞子，能紹繼佛位故。）恐其功德不勝，菩薩自釋云：我一名號，與彼衆多名號無異。以上是名十四無畏力，布施衆生，令一切衆生，或遭諸難，或多三毒，或無男女，或持名號，一一皆令離諸怖畏。菩薩又得四種不思議力：

第一不思議，能現衆多妙容，能說無邊祕密神咒，或慈或威，或定或慧，救護衆生，得大自在，又名觀自在菩薩。今南京毘盧寺十一面觀音，卽能現妙容之一，慈威定慧，諸相具足，巍然屹立，妙應難思。如能恭敬供養，禮拜稱念者，無不蒙益。

第二不思議，菩薩云：「故我妙能現一一形，說一一咒，其形其咒，能以無畏，施諸衆生，因德立名，故又稱施無畏菩薩。」

第三不思議，菩薩云：「由我修習，本妙圓通，淸淨本根，所遊世界，皆令衆生捨身珍寶，求我哀愍。」本妙圓通，卽耳根圓通。本妙者、由根性本具實相妙理，起觀照妙智，以妙智反聞自己能聞之聞性，一根旣得反妄歸眞，彼六根一時淸淨，一切無着，故能令衆生捨離貪着，將自身珍寶施供。法華經無盡意菩薩，聞佛稱揚觀世音菩薩功德，卽解自己嚴身，衆寶珠瓔珞供養，卽其證也。

第四不思議，菩薩能於十方世界，供養諸佛，以種敬田；又能於無量衆生，布施財法無畏，以種悲田。皆由修證圓通，無作妙力，自在成就，又稱普門示現神通之力，饒益法界衆生。

觀世音菩薩，現爲西方極樂世界阿彌陀佛左輔大菩薩。極樂國中衆生，純是大丈夫相，無有女人，世間多人以觀世音菩薩爲女身者，非也。世亦有繪畫香山觀世音，魚籃觀世音者，乃是觀世音示現女身，卽三十二應，應以女人身得度者，卽現女人身之類。如若念觀世音菩薩名，想觀世音菩薩像，當觀男身，切莫作女身觀。

觀世音，觀字當讀去聲，乃是智觀之觀，不是眼觀之觀，世人多讀平聲者錯也。今將菩薩之名，作二種解釋：觀是能觀之智，世音是所觀之境。按楞嚴法華二經解釋，能觀之智是同，所觀之境有別。楞嚴經是約菩薩自己修證工夫立名，以能觀照之智，不照所聞世間聲塵；但回光返照，照能聞世間音聲者是誰，卽是從聞思修，做禪觀工夫，背塵合覺，旋彼聞聲之妄聞，復歸聞性之眞聞，自然得入三摩地。

法華經，是約菩薩果上利生妙用立名，以能觀照之智，照見世間衆生，稱念菩薩名號音聲，卽時尋聲救苦，令在苦難衆生，稱名得救；或疑菩薩是一，而十方衆生受苦惱厄難，同時稱名求救者無量，云何一身，能應多求？答曰：此以凡夫情見，衆生力量，測度菩薩境界，難免有疑，而菩薩修成圓通，便得無作妙力（不假作意思量），自在成就。『一身不分而普現，萬機感應以無違。』不前不後，普感普應，如一月在天，影現衆水，月無映水之意，水有現月之心，自有不期然而然者，菩薩普門示現，亦復如是。

菩薩既有如是不思議神通之力，不思議慈悲之德，一切衆生，應當常念，恭敬供養，不獨可以消災解厄，併可增福開慧，滅妄證眞。菩薩利生功德，說不能盡，請看觀音靈感錄，自知菩薩恩逾父母，德被羣生也。

念佛法門　蘇州靈巖山寺

念佛法門，無有何等巧妙奇特，只要深信、切願、實行，三種資糧具足，臨命終時，卽得彌陀現身接引，往生西方，可以了脫生死，出離三界，乃至速成佛道。吾人既然發心念佛，果能具足三資糧，就可淸淨三業。念佛時，念念執持一句佛號，念茲在茲，以一念而止一切妄念，卽意業淸淨；身口二業，皆隨意業所驅使，意業淸淨，則身無妄行，卽身業淸淨；口稱佛名，卽口業淸淨。你我既已發心出家，專修念佛法門，欲了生死，必要具足信願行三資糧，如鼎三足，闕一不可。非信無以立願，非願無以導行，非行不能證所信，而滿所願也。

我佛釋迦說一卷阿彌陀經，就說此信願行三字。經中正宗分，初廣說依正莊嚴以啓信；經云七重欄楯，七重羅網，七重行樹，七寶池，八功德水，七寶樓閣，四色蓮華，天樂鳴空，衆鳥說法，微風吹動寶樹羅網，皆演法音，聞是音者，自然皆生念佛念法念僧之心，此乃依報莊嚴。

舍利弗於汝意云何下，說阿彌陀佛，光明無量，壽命及其人民無量無邊，羅漢菩薩，其數甚多，衆生生者，皆是阿鞞跋致（此云不退轉地），卽初生彼國者，亦得圓證三不退：一位不退、二行不退、三念不退；其中補處菩薩甚多，此乃正報莊嚴。廣讚依正莊嚴者，是欲令衆生信有西方極樂彌陀慈父也。

次特勸應求往生以發願；經云：「若有衆生，聞是說者，應當發願，願生彼國。」此特勸發願者，以信無願爲虛信，旣信西方彌陀，現在說法，必須發願求生，親覲慈尊，親聞妙法也。

三正示執持名號以立行（念佛卽是淨行）；經云：「若有善男子，善女人，聞說阿彌陀佛，執持名號，一日乃至七日，一心不亂。」此乃正示持名念佛也。具此三種資糧，往生西方，如操左劵。當知往生與否，全憑信願之有無，品位高下，乃在持名之勤惰，故信須深信，願當切願，行貴實行也。

倘修其他法門，難免退墮，因爲但仗自力故，若經過時間長遠，環境惡劣，卽便退墮娑婆世界。要修到信心滿足，善根成熟，得決定信，方能不退。而念佛法門，自力之外，更仗佛力加被，佛光時時照燭，又蒙諸佛護念，故得不退。若生極樂，圓證三不退，則永無退緣，任運進修，自可速成佛道。諸位能到此地來住，當然有信心，既具信心，必須發願，欣厭懇切，不可隨隨便便，因循過日；既信娑婆是苦，就要心心厭惡，願速脫離；既信西方是樂，就要念念欣慕，願早往生。信願既具，就要起行，發起持名念佛之行，一心專持六字洪名，念念相續，無有間斷，行住坐臥，不離一聲佛號，提起能念心光，照着所念佛號，心佛相應，心中惟有佛，佛外更無心，如是念去，自可成事一心不亂。

若能不住有念，進一步終日念佛，終日無念，了知能念之心，自體本空，所念之佛，了不可得，念到境寂心空，亦不住無念。更進一步，無念而念，能念之心，靈靈不昧，所念之佛，歷歷分明，念而無念；能念之心，心卽是佛，不存心相；所念之佛，佛卽是心，不存佛相；能所雙忘，心佛一體，此則由持名而達實相，得成理一心不亂。

念佛之法，當以意根念，莫用意識念。這句說話，只怕有許多懷疑，豈不聞大勢至菩薩云：「都攝六根，淨念相繼，入三摩地。」（得入念佛三昧）看都攝六根一句，就可證明念佛是意根念。意根屬心法，以意根之心，繫緣於佛，則諸根悉皆不動，故得都攝，其念乃淨。以淨念爲因，得生淨土爲果，故稱爲淨土法門。

諸位不要以聰明自命，好高務遠，把念佛法門，認爲愚夫愚婦之事，或去參禪，或修其他法門。要知禪宗，雖是最上乘，祗能獨被上根，中下無分，收機不廣。你我自思，是否上根利智；且參禪要破三關，全仗自力，斷惑方得出離三界，三關未破，不能了脫生死，若隔生再來，只怕不能繼續參禪，則前功盡廢。以羅漢尙有隔胎之迷，若一生富貴之家，被境所迷，恐造業更多更大；即不造大惡業，未必還能出家修行。如宋之草堂青禪師，是宗門尊宿，一日見宰相告老回鄉，有種種榮耀，忽起一念羨慕之心，來生卽託生曾氏爲子，年少登科，官至宰相，爲曾魯公，以一生之禪功，換了一個宰相。因官高勢大，容易造業，一言一行，因果攸關，宰相後身，未知輪迴何道，欲了生死，實爲不易也。

修行要求一生辦到疾出生死者，惟念佛一法門耳。因念佛仗自己信力、願力、淨行之力，更加彌陀願力，既有自他二力，縱然自力不足，還有佛力可靠，故曰修行以念佛爲穩當。永明大師云：「無禪有淨土，萬修萬人去，但得見彌陀，何愁不開悟。」

念佛並無別法，祇要死心念去，卽便成功。死心者、要將世間一切心都死得乾乾淨淨，惟有一念念佛心，更無餘心，一心執持彌陀佛號，心不離佛，佛不離心。如雞抱卵，飲食俱廢，若人把母雞拿出，卽刻又走進，專望雛雞出殼，時刻不肯放鬆。

又念佛之法，以心光照着佛號，佛號是境，心光是智，以智照境，以境對智，提起全副精神。如貓捕鼠相似，一心專注於鼠，毫無少懈，若能如此，了生脫死必矣。

一切法門，欲了生死，須斷惑業。惟念佛法門，不斷惑業，亦可了脫生死，是爲帶業往生。此乃念佛法門之特色，以全仗佛力之故蒙佛接引，帶業往生。但帶業往生一事，有許多懷疑者，未斷苦因，安得脫離苦果？昔有國王問那先和尚云：「念佛可以帶業往生，是事人所難信。」那先曰：「大王，大石置水沉否？」王曰：「必沉」。那先曰：「要他不沉，其可得乎？」王曰：「不可。」那先曰：「若以大石置大船上，何難渡海直達彼岸！」王便領悟。此卽仗佛力，故有殊勝之用。世間復有念佛行人，以爲自己業障深重，不能往生極樂，但求修修來世，此乃自暴自棄，立錯了願頭也。又汝我念佛，不可以爲可以帶業往生，就肆無忌憚，隨便作業，千萬不可存此心，此心卽是墮落之因，自當隨緣消舊業，更莫作新愆。

念佛一法，無論上智下愚，乃至勞動工作之人，都可修得，並不妨礙，可謂極方便之法門。昔湖南有一黃打鐵者，心想前世不修今世苦，今世如若不修，來生更苦，遂請求一僧，教以方便修行之法，可以不礙工作者，方能辦到，否則無暇。其僧卽教以念佛法門，掣風箱時，可以念佛，打鐵時，亦可念佛，乃至吃飯睡眠，未睡着時皆可念佛。黃打鐵一一依教，念過數日，心大歡喜，覺得念佛之法甚善。平日站在火爐邊覺得熱，打鐵時覺得辛苦，一自念佛以來，不知熱，不覺苦，由是更加精進。念了三年，世緣已畢，淨業成就，預知臨終時至，乃剃頭沐浴更衣，依舊打鐵，時至說偈曰：「釘釘鐺鐺，久錬成鋼，太平將近，我往西方。」遂念佛一聲，打鐵一槌，卽時立亡，異香滿室，天樂鳴空，彌陀接引往生矣。

汝我旣已出家，不事農工各業，每日清閒無事，又已聞悉念佛法門，是具有大善根者。苟不趁此生，發心念佛，求出生死，誠不若愚夫愚婦老實念佛得生淨土；汝我豈可甘心，令此特殊法門，無上妙寶，爲一般愚夫愚婦之所獨得耶？應當大家發起深信，切願實行，念佛求出娑婆，求生極樂，早成佛道，廣度衆生，方不負居住念佛門庭，亦不負自己出家一場，望祈垂聽，則幸甚矣！

佛教禪宗　南洋棉蘭佛學社

禪宗、乃是佛教最上乘之法，釋迦牟尼佛十九出家，三十成道，說法四十九年，乃謂之教，是傳有言之道。末後靈山會上，拈花示衆，衆皆默然，乃謂之宗，是傳無言之道。惟有摩訶譯爲大迦葉尊者，默契心宗、破顏含笑，佛印證之曰：「吾有正法眼藏，涅槃妙心，實相無相，微妙法門，付囑摩訶迦葉。」迦葉是禪宗第一代祖，由是心心相印，燈燈相傳，傳至二十八代，菩提達摩大師，航海西來，傳佛心印，不立語言文字，教外別傳，卽傳此禪宗。

宗教二門，卽佛教中之差別，教有五乘，宗惟一心，教是有言，宗是無言如儒書所云：「夫子之文章，可得而聞也；夫子之言性與天道，不可得而聞也。」不可得而聞，卽無言之道也。

佛教卽云：「大道本無言」。禪宗、卽無言之大道也。達摩初至中華，於嵩山少林寺面壁九年。二祖神光求法，達摩不發一言，神光跪地，積雪齊腰，尚不起立，仍不得初祖一言開示，於是取出戒刀斷臂求法，以示誠懇。

初祖問曰：「仁者斷臂何爲？」求大師與我安心。初祖伸手云：「將心來與汝安！」二祖卽時回光返照，豁然大悟，乃曰：「覓心了不可得！」初祖云：「與汝安心竟！」由是遞代相傳，皆是以心印心，傳至六祖惠能，遂傳（青原南嶽）二支，後則禪分五派（曹洞宗、潙仰宗、法眼宗、臨濟宗、雲門宗。），此敘述禪宗之源流也。

禪宗之奧妙，就是不立語言文字，直指人心，見性成佛，是謂頓教法門；頓悟、頓修、頓證，不落窠臼，單提一句話頭，要離心意識參，參到山窮水盡時，自有出身之路。

參禪方法

參禪、以修止觀爲下手。止觀功深，而得定慧。止觀二字、必須並重，不可偏廢。若止過於觀，必落昏沉；若觀過於止，必至掉舉；昏沉與掉舉，是二種禪病，不可不知。參時須調和均等，昏沉則以觀救，掉舉則以止制。

要修止觀，先依靜處，易於攝心，既得其處，次則調身，端身正坐，能跏趺坐最好（左脚放右腿上，再將右脚加左腿上。），若不能，卽單盤亦可（以左脚加在右腿上），須要不偏不倚，不俯不仰，挺起脊樑，頭靠衣領，眼睛打開三分，看自己鼻尖爲限。

三則調氣，將身中濁氣，徐徐放出，外間空氣，漸漸吸入。四則調息，將自己鼻中出入之息，調得純淨，不急不緩，調至此處，則身氣息已得如法。五則調心，卽是調伏第六意識之妄心。不起思想分別，不思善，不思惡，不攀外境，不緣法塵，卽所謂萬緣放下，一念不生：此卽是用止字工夫。

其心得止，當用觀照，不是徒然空坐。若是靜坐，而不觀照，猶如夜境寂靜，而無月光，故必須從止起觀。觀字去聲，不是以眼觀看，乃是用智照觀察，離却心意識，完全不用，單提一句話頭驀直參去。

參時，卽用本覺理體，起一段始覺智光，照着那一個話頭。何謂話頭？如參父母未生以前，如何是我本來面目；如參萬法歸一，一歸何處；如參念佛是誰？隨汝歡喜那一句，卽參那一句，提起一句話頭，反覆參究，一段心光，卽照這句話頭，起疑情如何是歸何處，是誰，卽是疑情。只許疑，不許解，解卽過生，卽所謂行起解絕，不容擬議思量。

參禪是用智，不用識，識有分別，智無分別。若有分別，則妄心生，心生不能止，非智別無能觀。故參禪者，要看一句話頭，看話頭卽是方法。

一句話頭看得好，疑情纔提得起，疑情提得起，妄想纔斬得斷，以疑情制服妄想，卽是堵截第六識不許行動，疑情妄想不能並立，喻如明暗。

參禪最重疑情，未曾親見本來面目，總是疑去，如何是我本來面目，大疑大悟，小疑小悟，不疑不悟，一句話頭，一段疑情，要綿綿密密，不可放鬆。將平時所用的第六意識，活的要打的死，古語云：「打得妄想死，方許法身活。」眞參禪的人，參得如癡如醉，行不知行，坐不知坐，視而不見，聽而不聞，這纔是工夫相應，一直參到水盡山窮，便有轉身時節，所謂水到渠成，瓜熟蒂落；參之者，必宜耐煩，未可以速求功效。

止卽是寂，觀卽是照，止觀雙行，寂照並運，如鳥兩翼，如車兩輪，務宜均等。須知參禪絕對不用意識，意識是禪定之生寃家。楞嚴經，阿難請定，佛未與說定之先，卽破除意識，不獨破除惡念，乃至所有勝善功能亦復破盡無餘，卽不用意識之明證也。

意識亦有惺寂，卽共寂照相彷彿，不可不察。古德有云：「寂寂惺惺是，無記（卽意之寂寂）寂寂非，惺惺（照）寂寂是，妄想（卽意之惺惺）惺惺非。」此偈是教人回光返照，照澈心源，寂而常照，照而常寂，寂照功成，定慧具足

挽救人心之惟一方法　漢口市商會

茫茫世界，幾成一大戰場，莽莽人羣，盡罹無邊浩劫，回視歐洲一役，中國頻年，足以證之。若究此等之原因，都由民智日開，物質之文明日形進步，殺具之製造，日見靈巧，水陸空三處，無不殫精竭思，以求殺具之殊勝。其始則後堂鎗也，野山炮也，其繼則機關鎗也，開花炮也，毒烟炮也，此皆陸地之殺具；魚雷也、戰艦也，潛水艇也，此皆水中之殺具；飛機也，炸彈也，此皆空中之殺具。以上三者，如孟子所謂：「矢人惟恐不傷人」。但求戰爭之勝利，不顧人道之傷殘，是以老子黜智尚朴，佛氏戒殺行慈，皆所以杜殺機而弭禍患也。而今人心日形險惡，世道愈入旋渦，若不急圖挽救之方，竟成一大苦海，凡關世道人心者，莫不疾首痛心，力求和平之幸福也。圓瑛雖居方外，實不同佛教中一班小乘學者，但抱出世主義，置世道人心於不顧也。而我則研究佛教，垂三十年，諦觀佛之宗旨，以宏法爲家務，利生爲天職。

佛教專重入世，而非競尚出世。經云：「我不入地獄，誰入地獄。」請試味其語，但能有利於衆生，則雖鑊湯爐炭，亦所不避，要必入世功圓，方是出世事畢。曠觀今世，人慾橫流，殺機徧伏，畢竟從何挽救起，曰：「必以挽救人心爲前提。」人心是造殺具之兵工廠，人心是統士卒之總指揮，若能挽之使歸正軌，重公理而不重強權，重人道而不重武力，則殺機自息，殺劫潛消矣。或曰：「挽救人心有何方法？」答曰：「必以提倡佛教，爲惟一方法。」何以故？佛教以戒定慧三無漏學，不漏落於生死，對治人心貪瞋癡三不善根。貪瞋癡是人心之病，戒定慧是佛法之藥，以此法藥，對治心病，法藥既到，心病自除。

戒者、止惡生善義；定者、制動歸靜義；慧者、破迷發覺義。其對治之法，試言如下：若人起一念貪心，或貪財利，或貪姿色，或貪官職，或貪田產，而欲達到其所貪之目的，則必逞其心思，用其伎倆，難免踰越乎道德之正軌；倘有人剝奪其所貪之財，拂逆其所貪之色，妨礙其所貪之爵，侵佔其所貪之產，則瞋怒之心，勃然而起，權力愈大者，惡業愈熾，那管夫人道主義，此則因貪起瞋。貪瞋既具，智慧昏迷，全是愚癡黑暗用事，名爲三毒。而能毒害衆生，受無量苦，亦名三不善根。佛教則教人持戒修身，斷惡行善，不可縱心恣意，妄生貪愛，貪愛爲因，生死爲果，一切諸苦，由之而生。故佛教人先斷貪愛，而除病根，衆生果能持戒清淨，則貪瞋癡三毒自息，身不行惡事，口不道惡言，意不起惡念，心地廓爾，寂然安靜，是謂由戒生定。靜極光通達，寂照含虛空，却來觀世間，猶如夢中事，是謂因定發慧。

問：世間諸事何以如夢？答：世間諸事，本非實有，皆因衆生迷惑夢心，妄執實有，故名不覺之衆生。如世間夢境本虛，夢中人無不妄執爲實，見金錢而欲取，遇玉貌而欲戀，求升官職，求增田產，癡迷不悟，及至醒時，始識本空。人生亦復如是，一夕之夢爲小夢，一生之夢爲大夢，全世界乃是一個大夢場。諸葛武侯曰：「大夢誰先覺。」仔細看來，惟佛一人，堪稱大覺，而說戒定慧三學，卽欲普覺衆生之迷夢也。

戒者、乃爲定慧之基，亦是道德之本，有戒則衆善具，無戒則諸惡生。不僅出家人要持戒，卽宰官人民，亦當持戒。古來百官受位時，先要受菩薩十戒，庶可守德防非，利益民衆；又社會人，皆要受持，卽據社會人之心理而論，無不敬重善人，厭憎惡人，果能持戒，則置身社會之中，自必遏惡行善，爲人所敬重也。試觀佛所說五戒，不獨出家大小兩乘受之，卽在家男女二衆，亦皆受之。

一殺戒：殺生之事，首宜戒止。不可殺生害命，蠢動含靈，皆有佛性，昆蟲之屬，尙不敢害，況同類人道乎？舉世能持此戒，則一切殺具，皆歸無用矣。

二盜戒：偷盜之事，亦宜戒止。不可偷盜財物，一針一草，不與不取；微細之物，尚且如是，況劫盜財寶乎？舉世能持此戒，則道不拾遺，夜不閉戶矣。

三邪淫戒：邪淫之事，更宜戒止。不可邪淫婦女，他人婦女，他所守護，出言調誘，尚屬不可，況共行姦宿乎？舉世能持此戒，則法庭可省許多案牘矣。

四妄語戒：妄語之事，亦當戒止。不可虛妄出言，見則言見，聞則言聞；細故之事，都要眞實，況重大關係乎？舉世能持此戒，則信用具足，不須契約矣。

五飲酒戒；飲酒之事，亦當戒止。不可沽飲美酒，酒雖非葷，而能迷性，是起罪因緣，痛戒沾唇，況儘量而飲乎？舉世能持此戒，則乘醉惹禍，自無其人矣。

此五戒、卽佛氏人天乘中，說人乘教，人道以五戒爲因，五戒全缺，不得人身。持戒之男，名優婆塞，梵語也，譯爲近事男；既已受戒，可以近事三寶故。女名優婆夷，譯爲近事女。若全持五戒，爲滿分戒，生在人中，富貴雙全，福樂具足；若持四戒，爲多分戒，生在人中，亦是上流人物，福樂稍減，美中不足；若持三戒，爲半分戒，生在人中乃是中流人物，不苦不樂；若持二戒，爲少分戒，生在人中，善根淺薄，苦多樂少；若持一戒，爲一分戒，生在人中，雖得爲人，愚癡下劣，頑鈍莫化，多做惡行，必至墮落。

又佛氏五戒，卽儒家之五常，二者相較，若合符節。不殺仁也，不盜義也，不邪淫禮也，不妄語信也，不飲酒智也：酒能迷性，不飲則不迷，不迷自然是智。仁義禮智信五者，擧世所羣認爲綱常之教，倫理之學，實足以輔世導民。又不獨佛氏與人說戒，孔子於五常之外，亦嘗與人說戒，子曰：「非禮勿視，非禮勿聽，非禮勿言，非禮勿動。」此孔子授人以平常日用之戒，凡眼耳身口諸根對境時，難免被境所轉，故戒之曰，對於非禮之事，不可視聽言動也。又曰：「血氣未定，戒之在色；血氣方剛，戒之在鬬；血氣既衰，戒之在得。」此孔子授人以終身涉世之戒，其中亦寓佛教斷除貪瞋癡之意。戒色除癡迷，戒鬬除瞋恨，戒得除貪婪，兩者和融。雖然如是，究竟佛氏之戒，重在攝心，此心字，指第六意識，分別妄心，大凡犯戒，都緣第六意識，分別好醜，而起愛憎，自作諸業。攝心者、則收攝妄心，不容分別，分別不起，愛憎自無，種種惡業，何自而生？故楞嚴經亦云：「攝心爲戒，因戒生定，因定發慧。」當知攝心二字，具足戒定慧三無漏學，斷除貪瞋癡三不善根，此二字，卽能挽救人心，維持世道，故我敢大聲疾呼曰：「有欲挽救人心，必以提倡佛教，爲惟一方法。」

和平與慈悲　天津佛教居士林

佛教流行，其隱顯盛衰之迹，必視國體爲轉移。國體專制，而與教旨相乖；國體和平，而與教旨相合。和平之義，卽佛教平等慈悲之道，人民旣趨向於和平，則教藉政而益顯；然人民未臻和平程度，則政必藉教以相成。何以故？欲期世界和平，宜培社會道德，欲培社會道德，應尚佛教慈悲，不存人我情見，生佛等觀，寃親一相，乃是和平之根本。儒云：「本立而道生。」假使國民之心理，未有慈悲之觀念，人我熾然，競爭紛起，不獨無以致和平；抑亦無以杜殺伐。欲殺機止息，競爭潛銷，必以慈悲化民，方可臻無爲之郅治。孔子有言：「吾聞西方有大聖人，不治而不亂，不言而自信，不化而自行，蕩蕩乎，民無能名焉。」斯卽慈悲之化，深入人心，故使無爲之治，遂見於世。而我中華民國，果能崇尚佛教，慈悲之道，廣宣流布，使民日熏日習，自可日趨於道德。故曰：「政必藉教以相成。」是知愛教，卽所以愛國也。

釋迦佛誕紀念（上海佛教淨業社）

今日夏歷四月初八日，是　釋迦牟尼佛降生二千九百五十八年，聖誕良辰，今日開演說會，乃將紀念二字，分作三部，一紀念佛恩，二紀念佛道，三紀念佛德。

㈠紀念佛恩者：佛在因地，卽發大願，願求佛道，度脫苦衆生故。迨功圓果滿，說法度生，垂教天下，如大夜之明燈，重病之良藥，苦海之慈航。何謂大夜明燈？衆生無明深厚，障蔽心光，如在大夜黑暗之中，全無正大光明之行。世界機關團體，有非法之行爲者，目之黑暗機關。唯佛教學說，啓人解悟，能破無明之黑暗，故喻如大夜之明燈。何謂重病良藥？衆生我執堅固，障無我理，如染重病一般，全無安樂之狀態，故世人妄認四大之身爲我，求我的衣食，求我之財產，求我的眷屬，半生碌碌，備受辛苦，若遇逆境，苦惱逼迫，無異重病。惟佛教發明，諸法本無我，這個軀殼，乃是地水火風四大合成，不要妄執爲他吃苦，這等學說，就是起重惡病之良藥。何謂苦海慈航？衆生生死纏縛，輪迴諸趣，頭出頭沒，不得出離，爲墮苦海，故世人受老病死苦煎迫之時，每每呼人，救我救我，如溺水求救相似。惟佛教教人，斷除貪愛，眼耳鼻舌身意六根，對色聲香味觸法六塵之境，不起貪愛之惑，惑既不起，業則不生，生死之因既斷，生死之果自離。如世間既無種子之因，種下地去，那裏有所生之果呢？卽此教人，斷除貪愛之法，就是度生死苦海之慈航。佛有如是之恩，故當紀念。

㈡紀念佛道：紀念佛道者，念佛所證無上菩提之道淸淨圓滿，一眞無爲。蓋佛之所證，卽是我們人之所具，大地衆生，個個是佛，佛道未嘗欠缺絲毫，祇因迷眞執妄，妄起分別，埋沒於塵勞煩惱之中，猶幸雖迷不失。蓋佛道不離衆生日用中，儒教有云：「道不遠人」，禪宗有云：「時時佛出世，念念佛成道。」當年　釋迦佛從摩耶夫人右脅降生；我們時時有佛，從六根降生：眼見色時，佛從眼根生，耳聞聲時，佛從耳根生，鼻齅香時，佛從鼻根生，舌談論時，佛從舌根生，身穿衣時，佛從身根生，意知法時，佛從意根生；正當根境相對，如鏡照像，智照分明，不起分別，念念復本心源，卽是念念佛成道，人能不昧本具佛性，卽是紀念佛道。

㈢紀念佛德者：念佛慈悲平等，普度衆生，不分同類異類，一視同仁。慈者與衆生之樂，悲者拔衆生之苦，平等而普濟之，較之人類博愛範圍，更見廣大。若定限人類，但只愛人，而不愛物，則其愛不博，亦不平等。惟佛德無私佛智究竟，了知十類衆生，皆具有如來智慧德相，不但同類不可傷殘，卽異類尤宜憐憫，不可以强欺弱，横殺衆生，自取果報。人能推此慈悲兩字，以覺世導民，使人人都存慈悲之觀念，都存慈悲之事實，自可挽回刼運，成就清淨莊嚴之世界矣。圓瑛甚願社會人人能紀念佛恩、佛道、佛德，是眞紀念也。

佛教與人生　天津佛教功德林

諸位！今天講題是佛教與人生，先講佛教，然後再講人生。佛教卽是佛之教法，佛是何許人，乃是大覺悟之人，覺悟宇宙人生眞理，乃至徹底覺悟一心本源之理體。在過去二千九百六十五年時，降生於中印度迦維衞國，爲皇太子，具偉大之人格，犧牲王位尊榮，發心入山修道，打破一切環境，解除人生痛苦；十九歲出家，三十歲成佛，名爲釋迦牟尼佛。

釋迦二字，譯能仁，牟尼二字，譯寂默。當佛未出家時，觀見世間老病死苦，遂生感觸，欲求一解決老病死苦之方法，而爲人類解除人生之痛苦。此種發心，卽是孫總理所說三種仁，謂佛教爲救世之仁，佛能之，故曰能仁。佛既出家之後，在雪山苦行六年，寂靜宴然，參究人生眞理，安坐不動，靜極光通，因定發慧，默契無言大道，故曰寂默。又佛字覺義，覺則爲佛，不覺卽是衆生，不覺就是迷，佛與衆生，乃在一心迷悟之分。衆生雖迷，佛性本具，故佛成道時，說大地衆生，具有如來智慧德相，祇因妄想執着，不能證得，猶如古鏡本具光明，祇因塵垢障蔽，不能發現；人人若肯擦磨心鏡，個個都可作佛，而釋迦是已成之佛。

教者，我佛教化衆生之學說，綜四十九年，所說不出爲戒定慧三種無漏學說，所謂攝心爲戒，由戒生定，因定發慧，此戒定慧三種，卽是改造人生的方法。其宗旨純粹，義理淵博，能指迷啓悟，有益人生，故得成爲佛教。

現在佛教講畢，接講人生。人生不出因果二字，由因果中間，含有善惡、苦樂、身心、生死八字，而因果實爲人生之主要，善惡苦樂身心生死隨之轉變。

人生無非依因感果，無因必不成果，譬如世間無有種子，那得結實，必先種其因，然後收其果，人生之定理，亦復如是。任從那種學說，不能推翻因果，若撥無因果，卽是外道論議，世間邪說，違背正理。

按佛教以惑業爲因，苦報爲果。惑卽迷惑，如貪瞋癡等心，業卽依貪等所造之業，如殺盜淫等，此惑業二者爲因，依業因必定招感苦果。

今試舉一例

，若有一人，存貪財之迷惑心，不了愛財須當取之有道，必定依着貪財之第六意識而指揮眼根，去看那裏有財，再指揮身根，去竊取或搶刼，此卽依惑造業，因也。若被人發覺，報告政府，被捕治罪，而受苦報，果也。此卽人生不出因果之明證。　上約苦因苦果，而論人生，若善因善果，可以類推。更有進者，此約現世因果論，尚有隔世因果，不可不知，試問我們現前身心，卽是人生果報，畢竟因從何來？　若謂從父精母血，結合所成，此卽不明人生之來源。要知我此身心之苦果，乃從前世惑業之苦因，所受之報，由夙生自己業緣，與父緣母緣三緣和合，而得受生，非僅父母精血而已。　若是執精血所成，世間許多無子之人，豈無精血耶？以此推究自明。更復當知人生苦樂窮通壽夭得失，並非有那個可以主宰，完全由自己業因使然；楞嚴經云：「循業發現」是也。若明此理，對人生之境遇，可以隨緣而安，對人生行爲，自能謹愼，集中一種心力，造成一種殊勝業力，招感將來殊勝之人生樂果，自是可能之事完矣。倘有疏忽之處，惟希見諒！

佛法之精神　南洋新嘉坡工商學校

今日承蒙諸君過愛，開會歡迎，圓瑛自愧德薄才庸，實不敢當。惟是大家有緣一堂聚會，很是一種良好機會，可作一番佛教之討論。

夫佛教應行討論之點，不一而足，今天不妨把佛教是消極不是消極，是厭世不是厭世，這問題先來解決；這個問題解決之後，卽能解釋世人種種之誤會。因世人多以佛教為消極，為厭世，不生信仰，故印度為佛教之祖國，流傳二千餘年，現在幾乎無有佛教。卽東流中國，千有餘載，而今猶未普及，究其原因，不出三種：一、佛教經書義理深奧，未易領解，由難解故，人多不看，所以不知佛教之精華與佛教之利益。二、佛教徒輩不事宣傳，卽有一二窮經明理之士，亦多蘊匵而藏，不行法施，所以世人少聞佛法，聞旣不聞，信仰何自而生？三、法門廣大，龍蛇混雜，凡聖交參，賢善之士，遁迹山林，韜光匿采，人多不見，不肖之流，偏在社會，出頭露角，人多輕慢，因不信僧界，併不信佛教。有此三種原因，故佛教不得昌明於世界。現因物質文明之失敗，哲學進步之趨勢，人心漸漸趨向於佛教，其間更有許多仍以佛教為消極，為厭世，而觀望不前者。圓瑛少安儒業，冠入空門，研究教典，垂三十年，深信佛教，實在是積極的，不是消極，是救世的，不是厭世。敢大聲疾呼、而告於我僑胞；試分三部討論：

一、就佛教本身而論：釋迦降生中印度，爲淨飯王太子，因觀老病死苦，大生感觸，人生斯世，而有如是三事，無論何人，皆不能免，卽發勝心，欲求一種方法解脫衆苦。如是可見最初發心卽是爲衆，不是爲己。至十九歲出家，捨皇宮樂，棄輪王位，難捨能捨；學比丘法，修頭陀行，難行能行；着敝垢衣，行平等乞，循方乞食，難忍能忍。乃至坐菩提樹下，發廣大誓，謂：「不成佛道，不起此座。」此皆大精進，大勇猛，其中具四宏誓願：誓度無邊之衆生，誓斷無盡之煩惱，誓學無量之法門，誓成無上之佛道。此種宏願，完全是積極的，救世的，不可以其出家，遂謂爲消極厭世。譬如世界學者要學一種學術，研究多年，放棄諸事，對其放棄方面觀之，似近消極，對其硏究方面觀之，正是積極，其目的，在於犧牲個人，利益羣衆，待學成之後，將其所得學術，貢獻世界，利樂衆生；佛亦如是，豈可謂爲消極厭世者乎？

二、就佛之字義而論：梵語「佛陀」，華譯「覺者」，乃是大覺悟之人，覺悟一切諸法，無所不知，無所不識。對宇宙人生二者論之，覺悟茫茫世間，芸芸衆生，無非業感。世界，乃衆生同業所感，共同依止，同得受用。衆生，卽個人別業所感，苦樂果報，各別不同。細分之，同業之中，亦有別業，別業之中，亦有同業，一一皆由迷惑妄心所造，依惑造業，依業受報。世界之與衆生，皆屬果報，世界爲依報，衆生依止，衆生爲正報，正受苦樂。逆推之，果報由於業力，業力由於妄惑，妄惑不出衆生之心，華嚴經云：「應觀法界性，一切惟心造。」如是，則可證明世界皆是衆生業力造成，譬如世人，欲造一座房屋，亦皆由其心力，欲造幾層，便成幾層；則以小例大，心造世界，決定無疑。

試問：而今世界，是何世界？是不是人慾横流之世界，是不是修羅爭鬭之世界，此種世界，皆由衆生貪瞋癡慢嫉妬種種惡心造成，這種惡現象，人心日積日漓，世道愈趨愈下，我愛羣愛國之同胞，無一不抱救世之思想。亦有一般人，欲以鎗砲爲救世之具，思藉武力創造和平，此乃夢想顛倒，以殺伐因，求和平果，斷不能的。現欲救世，如灸病者，須得其穴，在愚見看來，有欲挽回世道，必定救正人心，果欲救正人心，惟有宏揚佛教，此非圓瑛身爲佛教徒，偏于佞佛也。因我佛自己覺悟，一切世界，都由心造，衆生以淸淨心，造成淸淨世界，以惡濁心，造成惡濁世界，故自覺之後，而行覺他，說法四十九年，說出種種法藥，救治衆生惡濁之心病。

今但舉「無我觀」之法藥，對治衆生「我執」之心病，先覺此身，乃四大地大、水大、火大、風大。和合而有，離却四大，無我可得，千萬不可認作實我，而起貪瞋癡慢嫉妒等心。世界上人，個個能修「無我觀」，能將這個「我執」打得破，則貪等諸惡濁心，自然息滅，惡濁心滅，清淨心生，不難轉惡濁世界而成清淨世界。佛欲喚醒世界衆生，共嘗法藥，袪除心病，經歷五時，循循善誘，自覺覺他，歷久不倦，豈可謂非積極者乎？

三、就佛之宗旨而論：佛以慈悲爲本，慈者，與一切衆生之樂；悲者、拔一切衆生之苦。衆生未出輪迴，備受諸苦煎迫，如來因與無緣大慈（無緣者、無所不緣），運同體大悲，爲說諸法，普令離苦得樂。而如來慈悲，視大地衆生，皆如一子，寃親平等，一視同仁，不生分別。如是看來，則如來慈悲，更有過於父母，父母慈悲，止於現世，如來度生，若衆生此世不受敎，不得度，來世仍欲度之，必令離苦得樂方慰其心。又世之父母，若生多子，則心有分別，愛有厚薄，而如來則盡大地衆生，皆如一子，無不普救、普護，不獨法施救護，倘若應以身命布施，而得救護者，亦欣然布施，而救護之，又不獨對同類之人如是，乃至異類之衆生，無不如是。

佛教有云：「我不入地獄，誰入地獄。」又菩薩救度衆生，常向異類中行（卽變畜生等），試舉釋迦過去行菩薩道，有一世憐憫畜生，恆遭殘殺食噉之苦，有欲救護，乃變作鹿王，管五百鹿衆，彼時提婆達多（佛之堂弟）亦作鹿王，亦管五百鹿衆。一日、國王起兵圍獵，將那座大山重重圍繞，時釋迦鹿王，念衆生命在頃刻，卽思救護，乃語鄰羣鹿王言：「汝我當爲衆生，而作救護，同向大王請願，求其解圍，自後，汝我每日輪流進貢一鹿，與王食之。」商量已訖，卽詣王所，能作人言，謂：「小鹿、今日爲衆請願，求王解圍，王若行獵，食必不及，一二日其肉必腐，其味必變，不如不獵，小鹿願每日進貢一鹿，與王充饍，恆得食鮮，永不斷絕。」王見鹿知請願，又能作人語，心大奇之，乃許。後二羣鹿，每日輪派一鹿進貢。一日、鄰羣鹿王派一母鹿進貢，而母鹿腹孕小鹿，三日可生，乃與王求請先派他鹿，待其子生，乃往進貢，王不許。而母鹿知釋迦鹿王有道，乃往求之，具訴其情。釋迦鹿王意想若派他鹿代死，心必不甘，誰願先死，若不允其請，則辜負所求，卽以自身代往就死。既到王所，王問：何以自來？乃將其事一一告白於王，王聞之，大生慚愧，何以人而**不如獸乎？卽說偈曰：「汝是鹿頭人，我是人頭鹿，我從今日後，不食衆生肉**

。」遺鹿還山，王自此持齋，禁止全國，不許畋獵，由其捨一己之身命，救護無量衆生之身命，消弭無量衆生之殺業，佛教救護衆生，乃至捨頭目腦髓而不吝惜，豈可謂非積極救世者乎？

總上而論，佛教既是積極救世的，則與社會國家，均有密切之關係。凡抱愛羣愛國思想家，皆當極力提倡，極力研究，極力宣傳，但得佛教慈悲之旨，而能普及，自可弭殺機於無形，化戰器爲無用。汝也存慈悲之心，我也存慈悲之心，個個皆存慈悲之心，則世界全無苦境，盡成樂觀，豈不是不求和平而自得和平耶？圓瑛欲學佛教慈悲之道，所以前在甯波倡辦佛教孤兒院，迄今九週紀念。前歲，又同本坡轉道和尚，及其師弟轉物三人，發願重興泉州開元寺，創辦開元慈兒院，教養兼施，定額一百二十名，已歷一載。自愧不能與一切衆生之樂，拔一切衆生之苦，對此少數至窮苦而無告之孤兒，應盡佛子之天職，與以教養之樂，拔其飢寒之苦。此次來南洋也是代爲孤兒請願，籌集基金，今日迺蒙諸君開會歡迎，慚愧交併，不善言詞，統希指教！

謝氏宗祠講演　南洋檳榔嶼

一、平等慈悲　二、國民道德　三、破除迷信今日忝承謝自友家長相邀演說，先說第一題平等慈悲：圓瑛生長福州，幼安儒業，冠入佛門，研究教理，二十餘年，孜孜不倦，乃知佛教宗旨純粹，久爲東西各國哲學界所公認，理趣圓融，超過西域九十六種外道之上，範圍廣大，現世他種宗教，所不能及。何以迥超獨勝呢？卽因其平等慈悲故也。何謂平等？法界一相，離諸差別，凡聖一如，事理無二。凡卽六凡法界，亦名六道，乃三界之內，天法界、人法界、阿修羅法界、地獄法界、餓鬼法界、畜生法界。聖卽四聖，乃三界之外，佛法界，菩薩法界，辟支佛法界，阿羅漢法界。今言其事，則有十界，若究其理，不出一心；依一心之理，而成十界之事，事得理成，如依眞金，鑄成佛像菩薩像，乃至第十畜生像，皆依理成事也。會十界之事，不出一心之理，理由事顯，如指一二金像，無不是金，此就事顯理也。佛像與一切衆生像，價値平等，在聖不增，在凡不減，是謂凡聖一如，理事不二，無有差別。

華嚴經云：心佛及衆生，是三無差別，名相雖復有三，理體本來是一。何以故？十界不出一心故，佛界心也，衆生界亦心也。心爲十法界，大總相門，生佛不二，祇因迷悟攸分，故有聖凡之別。迷此心者，是謂不覺，亦謂無明亦稱爲惑。依惑作業，依業受報，乃爲衆生。悟此心者，是謂始覺，由始覺漸漸覺至心源，本覺出纏，乃名爲佛；佛卽覺也，妄窮惑盡，究竟涅槃，譯云：不生不滅。然衆生雖迷，所具本覺之性，與諸佛所證圓覺之性，無二無別。故曰心佛衆生，三無差別，平等平等。

問衆生既與佛無二無別，何以不成佛？不能同佛作用？答曰：性德雖同，修德有異。諸佛衆生，譬如二面銅鏡，各各本具光明，諸佛修德有功，性德方顯，如銅鏡久經磨煉，垢盡明生，大光普照；衆生修德無功，性德不顯，如銅鏡塵垢積蔽，不肯磨煉，所有光明，悉皆隱沒。此種義理，是迷悟之分，不可說衆生不是佛，亦不可說衆生不能成佛，人人有心，人人皆當作佛，如塵垢之鏡，不可說沒有光明，亦不可說不能照了，若肯加功磨之，自可與佛一鏡，同其光明，同其照用，此種義理，卽是聖凡平等。

諸佛菩薩，悟此平等之理，大發慈悲之心，慈者與樂，悲者拔苦；乃起慧照觀察，觀見一切衆生，與我本來同體，我今已成正果，得大解脫，衆生尚在凡夫，久受纏縛，由是運同體大慈大悲之心，視大地衆生，猶如一己，衆生之苦，卽己之苦，廣行方便，種種救濟，隨機施化，應病與藥，以布施、愛語、利行、同事四攝之法，拔其苦惱，普令一切衆生，各各離苦得樂。此種慈悲非他宗教博施濟衆，博愛同胞，所可同日語也。以博施博愛雖無國界之分，以其但能及于同類，不能及于異類，佛教慈悲，範圍廣大，如金剛經云：「若卵生、若胎生、若濕生、若化生，乃至若非有想、若非無想，我皆令入無餘涅槃而滅度之。」普度衆生，齊成佛道，不令一人獨得滅度，所行慈悲之心，不背平等之理。

現今世界國家，本此佛理而立政體，曰平等。一、種族平等，而無貴賤之分。二、政治平等，而袪專制之法。三、上下平等，各有被選之權。究之未至心理平等，難免弱肉强食，仍伏無限殺機，豈能成慈悲之政化，達和平之目的哉？若欲達其目的，必宜提倡佛教眞理，救正社會人心，培養國民道德方可。

第二國民道德—道德二字，爲國民根本，所應注重。古德有云：「尊莫尊乎道，貴莫貴乎德。」道德若存，雖匹夫人皆敬之，道德若亡，雖王者人皆惡之。夏桀商紂，古之帝王也，今比人爲桀紂則人怒，何以故？以其無道也；伯夷叔齊，古之餓夫也，若讚人爲夷齊則人喜，何以故？以其有德也，是知道德足以尊重者信矣。

今欲增進國民道德，先宜救正社會心理，欲正社會心理，須假佛教學說。因佛法有導民救世之眞理，與社會國家有密切之關係，非余學佛偏佞於佛也。卽儒書有云：「西方有大聖人，不治而不亂，不言而自信，不化而自行，蕩蕩乎、民無能名焉。」何以能有如是無爲之治化？因佛勸修戒定慧，息滅貪瞋癡，爲世間模範，爲人民導師，有以致之也。

戒定慧三學是藥，貪瞋癡三毒是病，三毒之病，由於我法二執，衆生於無我無法之中，妄認五蘊爲實我。（一）色蘊、卽人身上皮肉筋骨等。（二）受蘊、卽人五根對五塵五識能領受故。（三）想蘊、卽第六意識分別想像故。（四）行蘊、卽第七識、念念遷流，相續不斷故。（五）識蘊、卽第八識、執持壽命，去後來先作主翁故。不知五蘊積聚，假名非實，本來無我，人生上壽，不過百年，有生有死，豈是眞實耶？我既非實，六塵之法，亦復虛假，如水中月，如鏡中像，本無實體，能悟此我法二空眞理，自然澹泊明志，不起貪瞋癡三毒，完全國民道德矣。

世界有許多人，不了我法本空，執我執法，貪著五欲，一貪財、爲我受用；二貪色，供我娛樂；三貪名、圖我榮耀；四貪食、養我身體；五貪睡、求我安閑。不惜唐喪光陰，若違拂我之所貪，則起瞋恨。古德云：財色名食睡，地獄五條根，爲了假名之我，造下地獄之因，實是愚癡，由其心懷三毒，非但毒害己身，自受苦惱，併能毒害他人，令人受苦。欲求道德者，必斷三毒，爲惟一之宗旨，國民若有三毒，則道德日銷，世風愈趨愈下，終久不得和平，今必提倡佛教三學而對治之。

一、說戒學以持身：諸惡莫作，衆善奉行。戒相甚多，略說五戒：（一）不殺生害命，卽儒教仁也；（二）不偷盜財物，卽義也；（三）不邪淫婦女，卽禮也；（四）不妄語欺人，卽信也；（五）不飲酒昏迷，卽智也。此五戒不獨出家人當受，世間人個個皆當受之。古來國王宰官受位時，先受菩薩戒法，然後受位，以期止惡防非，世人能持五戒，堪爲人道之因，來世不失人身，現世不起三毒。此以戒法之藥，治三毒之病，增進國民道德也。

二、說定學以攝心：收攝其心，不令貪着財色名食睡五欲之境，亦不貪著色聲香味觸五塵之境。既不起貪，自無拂我所貪之瞋恨，對於諸法，不執實有，是不起貪瞋，豈是愚癡。此以定學之藥，治三毒之病，增進國民道德也。

三、說慧學以照理：照見五蘊皆空，五塵亦空，衆生世界，本不可得，現前所見人我，雖能語言住止，動作施爲，及所見山河大地，一切物像，如夢中人，夢中境，非特夢醒故空，卽未醒時，夢裏當下卽空，畢竟無實，何必起於貪瞋之惑，造種種業，受於未來苦報。如是觀察，卽無愚癡。此以慧學之藥，治三毒之病，增進國民道德也。以佛教有此利益，故社會應當提倡，國民應生信仰。

第三題、破除迷信：信者信樂義，信向義，世間一切之事，皆以信爲先導，必信而後行。現在應當研究人民所信之事，何者迷，何者不迷，迷者卽當破除而斷絕之，不迷者卽當維持而勸進之。又復當知迷卽心性愚癡，無有智慧，將邪作正，以苦爲樂，信邪苦法，是謂迷信。如世人信嫖爲娛樂，常臥妓館，信賭爲得利，常入賭場，損名譽，耗金錢，傷身體，招怨恨，沉迷不悟，是謂迷信。這等迷信，應當開導而覺悟之，破除而斷絕之；如信佛教，八萬四千法門，能治八萬四千煩惱，如前所說三學，能治三毒之類，乃入聖之階梯，離苦之軌則，是爲正信，應當提倡而發明之，維持而勸進之。

現今有人，以信佛教爲迷信者，因未曾研究佛學，不知佛理有益於人心，有關於世道，妄以迷信目之，是屈佛教也。此一類人，但見人不信，彼亦不信，是附合而不信也；又有研究佛學，以旨趣冲深，文詞簡古，不能領會，遂卽不信，此不解而不信也；又有但見僧界中，有不守教規者，心生輕慢，由是併佛法僧三寶悉皆不信，此誤會而不信也。當知佛門廣大，凡聖交參，有賢者、有不肖者，斷不可因其不肖者卽不信其賢者，併不信其教與教主也。

昔孔子告弟子曰：「汝爲君子儒，毋爲小人儒。」亦不可有小人儒，卽不信君子儒，併不信儒教與孔子。大凡宗教皆與人民有利益，門庭施設，雖然各各不同，而化民爲善之旨，各宗教未嘗有異，是信宗教中之正理，皆非迷信也。鄙人現承普益講經會，請講過去現在因果經，初八晚起，每晚七點鐘開講，有志研究佛學諸君，屆時請到廣福宮聽講，始知佛教有益於社會人民也。

歡迎會答詞

南洋吉隆坡

今天承蒙諸公盛意，曷勝感激！欲詢佛法大旨，略述如下：佛教以一心爲宗，覺悟爲要，慈悲爲本，方便爲門。何謂一心？卽人人所具本覺眞如心，平等一相，故謂之一心。非妄想分別心，亦非身內肉團心。本覺心者，常住妙明，不動周圓，爲萬法之本源，乃衆生之慧命，過去無始，未來無終，在聖不增，在凡不滅。雖然人人本具，其實個個同迷，迷之則轉本覺眞心而成不覺妄心，若非覺悟，何由返本！

何謂覺悟？佛者、覺也。佛卽大覺悟之人，因覺此一心之理，而成道果，故名爲佛。十方世界，悉皆有佛，而此娑婆世界，乃釋迦牟尼佛爲教主，生於周昭王甲寅年，四月八日，誕質迦維衞國淨飯王宮，身爲太子，十九出家，五載參方，六年苦行，三十成道，臘月八日，夜覩明星，朗然大覺，三歎奇哉！「一切衆生，具有如來智慧德相（卽眞如心），祇因妄想執著（卽分別心），不能證得，若離妄想，則無師智，自然智一切顯現。」因見衆生不覺，枉受輪迴生死之苦，而失涅槃不生不滅之樂。

何謂慈悲？欲以自覺之道，覺悟衆生，普令衆生皆得悟入佛之知見，與以二嚴—福德智慧二種莊嚴之樂，拔其二死—分段變易二種生死之苦。故最初於華嚴會上，現圓滿報身，轉無上根本法輪，演說最上一乘，卽一心之理，心佛衆生，三無差別，平等平等。無奈衆生根鈍，大教不契於小機，雖諸佛運無緣大慈，同體大悲，亦無可奈何。

何謂方便？對彼小機心生憐憫，隱大乘一實之道，施小乘四諦之法，轉依本起末法輪，因機設化，對證施方，故佛號爲大醫王，善治衆生我法二執之病，卽趣鹿苑中，爲五比丘說四諦法，令得出生死苦，證涅槃樂，卽成阿羅漢果。

苦諦、卽苦果也。謂六道衆生，衆苦逼迫，餘道弗論，但說人道，既已受身，備嬰衆苦；略說八苦：生苦、老苦、病苦、死苦、愛別離苦、求不得苦、寃憎會苦、五陰熾盛苦。前七爲別，後一爲總，世間誰人能免。

集諦、卽苦因也。集積見思煩惱，見有八十八使，思有八十一品，撮其大綱，不出我見我愛，於無我妄執有我，我見既具，貪愛斯起。對於五欲境上，卽財色名食睡，貪財爲我受用，貪色爲我娛樂，貪名爲我榮耀，貪食爲我滋養，貪睡爲我晏安。都因我字，作種種業因，依因感果，故受無量苦報。苦者人之所厭，樂者人之所求，世間之樂，樂不久長，故天報既盡，衰相現前，人間之樂，豈能長保，當求出世間樂。

道諦者，樂因也。三十七品助道法：四念處、四正勤、四如意足、五根、五力、七菩提，八正道，總之不外教令破除見思，斷惡修善。卽以四念處論之，第一觀身不淨：從頭至足，三十六物，常流不淨，人是革囊盛糞臭穢之軀，無可愛樂，當生厭離。第二觀受是苦：六根領受，六塵境界，或違或順，無非是苦，不但違情拂意之境是苦，卽順情適意之境，樂不久長，亦屬是苦，當生看破。第三觀心無常：妄想分別心，念念攀緣，執着所緣境界，妄生憎愛，恣意取捨，生滅不停，應當降伏其心，不令分別，則生滅自滅矣。第四觀法無我：現前內身積聚地水火風所成，假借父精母血而有，本來非我，衆生妄執爲我，我字一字，卽是衆惡之根本，我之財產，我之眷屬，我之名位，我之權勢，種種保愛，種種擴張，爲了這個虛假不實之我，弄得自身不得安樂，世界不得和平。應當觀察四大本空，一息不來，我在何處，我執若破，則貪癡見慢，自然殄滅，庶幾與道相應矣。

滅諦者，樂果也。因修道斷惑，破除我執之惑，惑不起，則業自亡，業既亡，則苦自離，不受生死，而證涅槃，不生不滅，超出三界，是佛對小乘之機，爲說四諦法者，卽離苦得樂之勝方便也。

大乘之道，更有進焉，卽心卽佛，人人有心，人人是佛，若能覺悟此理，是爲大根機人。但能迴光返照，捨妄歸眞，佛道豈遠人哉？孔子曰：「道不遠人。」誠哉是言也。偈曰：「大道不從心外覺，眞源須向靜中看。」

培風學校講演　南洋麻六甲

今日之時代，是什麽時代，豈不是競爭時代嗎？現時各界羣尚競爭，而教育界欲求進步，亦不得不競爭。惟是競爭二字，還在人之善用與不善用。若善用之，爲進步之先導，若不善用之，反爲失德之原因。

我等學者，既要從事教育之競爭，凡對各種學說，都要悉心研究，各科學學說，儒學學說，哲學學說，佛學學說，研究時必須具一種眼光，把那學說之眞理，看得明明白白，不可存門戶意見，凡有益於人生身心德業學問智識者，都要採取體會。卽有不合潮流者，亦必仔細審定，如此可謂知己知彼，始足應世。若但知己而不知彼，不足以與世界學者之酬對。

圓瑛少安儒業，冠入佛門，研究佛學之與儒學，實則同條共貫。其修養工夫，釋氏則在「返妄歸眞」，孔氏則在「克己復禮」；其到家消息，釋氏則在「明心見性」，孔氏則在「窮理盡性」。又儒書云：「夫子之文章，可得而聞也；夫子之言性與天道，不可得而聞也。」佛典云：「妙高（山名）頂上，從來不許商量，第二峯頭，諸祖略容話會。」此會通儒釋教理，若合符節。

科學之與佛學，相關之處亦多，從前改良教育之時，有人謂我：「將來科學發達，佛學必至湮沒。」余則曰：「不然！世界科學愈進步，而佛學愈昌明。」何以故？正由科學之發明，足證佛學之淵博，如科學用顯微鏡照見水內有無數微生虫，佛教律藏中早說：「佛觀一鉢水，八萬四千蟲。」又科學發明一種電話，雖地方遠隔，一呼卽應，佛經早說：「音性雖徧，而不發現。」聊舉二者，皆由科學發明，方證佛語眞實。

又科學競爭之進步，必研究哲學。復因哲學派別分歧，各據所見立說立論，以致學者莫衷一是。由哲學乃引入佛學研究，佛學一旦有得，卽可解釋哲學科學之疑點。我等學者，愼勿輕視佛學，佛學爲衆學之淵府，如世之大地，無所不具。

圓瑛　今日見諸位青年同胞，濟濟一堂，有無量之歡喜，有無盡之希望。將來教育之發達，全藉諸位，將來國家之富强，亦全藉諸位。惟是當此青年時節，欲竇方開，最要把持，最要審愼！古人云：以之作狂有力，以之入聖亦有力，卽在善用其心與否？縱使說得到，還要行得到，方算眞學問。切忌畏難苟安，唐喪了青年最寶貴之光陰。務必具一番毅力決心，不容少懈，定要達到所學之目的而後已。如撑上灘舟相似，必到灘頭，方堪休息。正當上灘之時，一篙拔起，一篙卽下，刻不容緩。倘若稍縱卽逝，不特不進，而且反退。過了一灘，又是一灘；學者小學畢業了，還要努力求中學畢業，大學畢業，亦復如是。余有一偈，請試思之：「學者如撐上水舟，一心只望到灘頭，若非努力勤精進，暫歇篙時便下流。」如是看來，毅力決心，自不可少也。

佛儒教理同歸一轍

佛教者，是釋迦牟尼佛覺世利生之教也。其教有大小乘：

小乘抱消極主義，獨善其身，得少為足。

大乘是積極主義，普度衆生，利他不倦。

佛字，卽是覺字意義，對衆生之不覺，而佛所以稱覺。今先說衆生何以不覺，然後再說佛之所以稱覺。衆生之身，本是四大（地大、水大、火大、風大），和合組織而成。一個幻質皮肉，筋骨屬地大，津液精血屬水大，周身煖相屬火大，出入氣息屬風大，猶如儒教所云：此身是金木水火土五行所成。佛教云：四大假合，本來無我，不過假名曰我，衆生迷而不覺，妄執此身以為實我，卽是我執之病。因有我執，而起種種貪愛，由愛我故，而起種種營求。衣食也、住處也、財產也、眷屬也、功名也、莫不殫精竭思，造成種種之業，依業所感，將來必定要受種種果報，輪轉六道，不得出離。衆生不特不知此身是無我，並且不知此身是苦的、是空的、是無常的、是無我的，故名不覺之衆生。

釋迦是姓，譯爲能仁，牟尼是名，譯爲寂默。佛覺悟此身苦空，無常無我，所以稱覺。他本是中印度迦維衛國淨飯王第一太子，十九歲時出外遊行，因見老病死相，卽時覺悟此身是苦的，一切衆生無論富貴貧賤，皆逃不了這三個字。

何謂老苦？正當青年壯歲，轉眼衰相現前，髮白面皺，眼花耳聾，齒落血枯，種種不得自由。

何謂病苦？寒暑失調，身體不和，發生種種疾病，姑勿論沉疴之症，卽說傷風咳嗽，已覺難堪。

何謂死苦？人壽無常，有生必死，世緣已畢，四大分離，其中慘狀，猶如生牛剝皮，生龜脫殼。

佛覺悟老病死苦，人人莫免，所以發心出家，有欲自度度人。白馬踰城，青山斷髮，五載諸方遊歷，六年雪山苦行，至三十歲，臘月八日，夜覩明星，忽然悟道。三嘆奇哉！一切衆生，具有如來（卽佛之稱）智慧德相，祇因妄想執著，不能證得。惟佛圓滿覺悟，得證此理，故稱爲佛（卽大覺悟之人）。佛成道後，卽以自覺之道，普覺一切衆生，猶儒教所云：「使先覺、覺後覺，是天民之先覺者也。」佛說法四十九年，因機設教，對症施方，觀衆生心，有種種病，故說種種法藥而對治之。衆生心病，不比內外科各症，而內外科東西醫士有能力，東西藥品有功效；至於心病則東西醫士皆束手無策，惟佛能醫之，故佛又稱為大醫王，能醫衆生身心各病。衆生心病具足八萬四千，其中分為界內界外。界內、三界之內，天、人、阿修羅、地獄、餓鬼、畜生六種凡夫。界外，三界之外，阿羅漢、辟支佛、菩薩三種聖人。此為九法界衆生，皆有心病。

界內衆生根本心病，是我執，妄執此身，以為實我。

界外衆生，根本心病是法執，妄執修證，以為實法。世界到了今天，國與國不和，族與族不和，人與人不和，推原其故，根本之病，就在衆生我見心太重。汝心也要為我，他心也要為我，個個之心，都要為我，以致釀成惡濁世界。

今日若要挽回世道，必要救正人心，若要救正人心，定要提倡佛教無我之理。孔子亦云：「毋固毋我。」兩教聖人，同歸一轍。但無我二字工夫，說之甚易，做之很難。佛教世人，修無我觀，先要觀察此身是四大假合的，為總報之主，衆苦所集；次觀此身是空的，四大危脆，究非眞實；次觀此身是無常的，人命只在呼吸之間；再觀此身是無我的，我者、主宰義，此身完全不能做主宰，他受饑時，不能叫他不饑，他要寒時，不能叫他不寒，他要老病死時，不能叫他不老不病不死，可見自己完全沒有主宰，那裏可以稱我。

世界之人，各各能把這個我字看得輕，自然能爲社會國家服務；能把這箇我見打得破，自然能致社會國家於和平。汝亦無我，他亦無我，個個人都是無我，我見既破，我執自除，則貪瞋癡慢諸惡濁心，無自而生，豈不是能轉惡濁世界，而成清淨世界耶！

即就圓瑛創辦慈兒院說起來，亦是學佛大乘無我之行。大乘之道，志在利他，先須打破我執，放棄自己講經工作，而爲利孤之工作。僕僕風塵，籌募基金，而爲永久鞏固之計劃，亦寓有挽回世道救正人心之至意。何以故？此種孤兒，既無父母之倚靠，若無人栽培，令其得受教養之利益，必至流爲乞丐，習染不善之心。長大之時，既無學問，又無職業，難免不爲盜賊匪類，此時若能敎之、養之，則將來社會上卽少許多失學失業之人，社會和平之秩序，自可希冀矣。

救濟孤兒，本是大乘菩薩慈悲之道。慈者、與一切衆生之樂，悲者、拔一切衆生之苦，卽同儒教博施濟衆之理。儒云：「老吾老，以及人之老，幼吾幼，以及人之幼。」又云：「老者安之，少者懷之。」如是種種會通佛儒，可謂合轍。凡有心挽回世道，救正人心者，請同心協力，提倡佛儒無我之理。人心旣無我執，世界自得和平，請質高明，是否有當。

修身攝心之法　監利縣監獄

我佛所說法門，因機施敎，猶如對症開方，由衆生有種種病，故佛說種種法。果能信解依修，無不得益。是以稱爲無上醫王，乃能醫衆生之心病者。一切衆生，皆依妄心，迷惑不覺，妄執此身爲我。因有我執之病，遂起貪瞋癡慢，諸不善心：貪財爲我受用；貪色爲我娛樂；貪名爲我榮耀；貪食爲我滋養；貪睡爲我安息。如若拂我所貪，奪我所貪，卽起瞋怒之心，貪瞋用事，是名曰癡。傲慢貢高，作諸惡業，依業受報，因果不昧，受諸苦惱。卽現前獄中諸位，而受法律處分，推究原因，定然爲有執我之病，而起貪瞋等惑，依惑作業，依業受苦，無有一人，不是如此。佛審察衆生，生死根本，皆我自心造成，所以敎人修無我觀。觀察此身，不外色心八法，和合而有，外身屬地水火風四大，內心有受想行識四陰，並無有我，我既無我，貪瞋癡等惑自何而生？世界衆生，人人能把我字看得空，自然一切放得下，那裏還有犯法之事。惟是監獄，是一個覺悟回頭的好地方，好機會。奉勸諸位，正好因此挫折，大生覺悟，從此改往修來，捨惡從善，思監獄苦，發修行心。不獨出家人要修行，即社會上無一人而不要修行。儒教亦云：「身修而后家齊，家齊而后國治，國治而后天下平。」現今世界不和平，國家不安靖，社會不良好，皆由險惡人心之所造成，天災人禍，循環不息。果欲挽回浩刼，非救正人心不可，欲救正人心，唯有研究佛學，皈心佛法，爲唯一之方針。余今分作修身攝心二法，略示如下：

修身、須依佛制五戒之法。此法乃佛爲在家男女二衆所說。一殺戒：慈悲爲本，不殺生命。二盜戒：他人財物，不與不取。三邪淫戒：夫妻之外，不犯邪色。四妄語戒：出言眞實，不敢虛僞。五酒戒：酒能迷性，醉後招殃，故不能飲。此五戒法，可以包括國家一切法律。國民果能人人持五戒，則法院無案牘，監獄無犯人。諸位、請將獄中各人犯罪之事，推究起來，大約都是不持五戒所致，望此後大家發心，受持五戒，以修其身。

攝心，古人有言：「心能造天堂，心能造地獄。」就在攝與不攝之分，攝之則衆善具，不攝則諸惡起。欲攝其心，須得其法。我佛還有一種至簡易至殊勝之法，可以收攝其心，令不放縱；卽是發心念佛法門。但稱念「南無阿彌陀佛」一句名號，念念相續，卽可爲滅惡生善，離苦得樂之大因緣。此法甚難信，先當細心研究。罪惡之成，不出言行，言行之起，不離心念。我佛慈悲方便，觀察衆生起罪根源，皆由心念，故敎人念佛。乃是以念止念，以一念佛之念，止絕一切惡念，惡念不生，惡言惡行，何自而立？則身口意三業淸淨，又名淨業法門。直接則挽救人心，間接則維持世道，可以補足政治法律之不及。諸位、在監獄內，正好念佛。念佛要至誠懇切，念到一心不亂，雖在苦中，自然不覺痛苦。發願求生淨土，親近阿彌陀佛，則可永離三界之牢獄，而免娑婆之衆苦，望各努力行之！信願行三種資糧具足，則往生淨土必矣。請輾轉勸導幸甚幸甚！

國民應盡天職　福州敎導團

一大慈悲　二大無畏　三大無我

今天圓瑛承貴團長相邀，到此演講，自愧學識粗淺，沒有甚麼好言論可以貢獻諸位，今日講題，定爲「國民應盡天職」。

天職者、天然之職任也。國民生在宇宙之間，國家領土之內，則愛國一事，就是人之天職，無有一人，不負這種責任。古云：「國家興亡，匹夫有責。」必定有愛國心，方纔可算得有國民資格，若無愛國心，則失國民資格。圓瑛雖居僧界，爲佛敎之信徒，究竟同是國民一份子，所以當具愛國之心腸，時切愛民之觀念。當民國光復之後，國基未曾鞏固，政權不能統一，烽煙四起，民不聊生，乃作一聯云：「愛國每垂憂國淚，感時深抱救時心。」然我既然爲僧，沒有甚麼能力，到底如何救國？如何救時呢？所以反覆三思，民者、國之本也，民心既日積而日漓，則國勢當愈趨而愈下。若欲挽回國運，先當糾正人心；欲正民心，必本佛敎心理革命之學說，革除種種弊惡之心，復歸諄善之心。民心正、天心順，國家自有和平希望。所以奔走各方，宣傳佛敎大慈悲，大無畏、大無我之主義，使人人感覺可以促進和平之實現，此卽圓瑛站在僧界地位，欲盡衞敎愛國之天職。

諸位、挺身軍界，所負保民護國之天職，較諸其他人民爲更大。人民以軍隊爲保障國家，以軍隊爲干城，所以人民有納稅之義務，國家有餉需之供給，俾得專其心，一其志，以盡保民護國之天職。圓瑛回閩，卽聞貴團之訓練頗著令名，長官之教導，不遺餘力；更兼貴團長在軍隊閱歷多年，經驗不少，志願訓練一種模範軍。故不惜種種犧牲，百般籌劃，衣履之得宜，飲食之適口，住處之設備，月餉之厚給，先謀諸位生活上之利益，然後進求達到人民國家之利益。這種用意，可謂盡美盡善。諸位若能各盡天職，仰副貴團長之願望，則不僅貴團幸甚！卽社會國家亦幸甚矣！

諸位、常得長官之教導，何必圓瑛在此饒舌呢？因承貴團長之意，要圓瑛講些佛學，勸令諸位，本學佛修身之觀念，建保民護國之勛業。故今爲講大慈悲、大無畏、大無我三種精神學。此三者、乃是佛教大乘救世之學說。有人說佛教是消極的，是厭世的。這是未曾研究過佛學，隨聲附和之詞。不曉得佛菩薩大乘願行，完全是積極的，完全是救世的，爲軍人者，一定要學佛教這三種精神學。

第一、大慈悲之精神學。何謂慈悲？慈者、與人之樂；悲者、拔人之苦。太者、不分界限，無問親疏，不同世間父母之慈悲心。父母愛子，皆是慈悲之心，與以飽煖之樂，拔其飢寒之苦。然其範圍狹窄，不能普及。我佛菩薩運無緣慈，起同體悲，廣觀大地衆生之苦，卽我之苦，百般營救，必使離苦得樂，於心始安。但有利益，無不興崇，其慈悲爲何如也！這種佛教大慈悲之精神，諸位負有軍人天職者，應當學的。如我國人民向受帝制之壓迫，軍閥之摧殘，受種種苦，失一切樂，爲軍人者，當運大慈悲，爲人民解除壓迫之苦，推翻帝制，打倒軍閥，享和平幸福之樂，這是盡軍人之天職。上節講者是爲黨爲國軍興時之天職，現今國家統一，戰事告終。

如何是立身之天職呢？大凡人之有欲立身世上而無愧者，必須先正其心。欲正其心，首宜除去貪瞋癡慢之心，常存大慈悲心，方爲得立身之根本。貪字範圍很大，世間之人多爲貪心不足，到結果時，弄得「身敗名裂」。我們立身，第一、不可貪非義之財。財雖人人所愛，然君子愛財取之有道，義所當得者得之，義所不當得者，就是黃金盈前，不敢妄取，若使竊取强取，都爲非義；此喜得金，彼苦失金，卽非慈悲心。第二、不可貪非禮之色。色雖人人所愛，然一夫一妻，世法所許，夫妻之外，他人妻女，他所守護，斷斷不可有非禮之舉動，或言詞調戲，引誘成姦；或强暴行爲，壓迫從事，令人失節受玷，此皆非慈悲心。第三、不可貪虛榮之名。名雖人人所愛，然求名不如求實。倘無實行可錄，縱得虛名，其名不足貴，若有實行，在軍中勤勞服務，必爲長官同侶所共愛敬，雖然名位不高，其實際之資格，已軼駕虛名者之上。惟是從軍之人，先要認定從軍之目標在那裏，在圓瑛看來，其目標在乎「建功立業」，不在乎「昇官求榮」。若徒貪虛榮，不重功業，令功業不得完成者，卽非慈悲心。

上說貪心當除已竟，今說瞋心亦不可起。瞋、是心中火、能燒功德林。吾人之心，猶如一片大地，起一念善心，心地上卽植一株功德樹；起種種善心，卽植許多功德樹，樹多成林，名爲功德林。一念瞋心起，八萬障門開。瞋火便能燒去功德林，故是瞋心宜除，無論同事之觸犯欺侮，長官之訓斥責罰，皆當忍受，不可鬪諍懷恨。若瞋心不除，卽失慈悲之心。

次說傲慢之心，亦宜革除。慢本不善心，共有幾種不同。一、資格不及我者，對他則起慢心，看他不起，此爲「單慢」。二、資格與我相等者，亦起慢心，自高輕人，此爲「過慢」。三、資格超勝與我者，亦起慢心，反以爲猶不若己，此爲「慢過慢」。在佛經裏，論「慢心」共有七種，除去上面三種，更有「我慢」、「邪慢」、「增上慢」、「下劣易知足慢」。總之，這些不善心，皆當斷除。惟是軍隊之中，階級甚多，對前三慢更宜注意。若資格好者，對在下之人不可輕慢，須本佛教大慈悲，一視同仁，百般體恤，時存愛下之心。

若資格淺者，對在上官長，不可傲慢，須本佛敎大慈悲，服從命令，勿令生惱，時懷敬上之意。果能在下者常敬其上，他日爲人之上，其下亦必敬之，此乃因果不易之理。倘在上者常敬其下，自然人心悅服，其下定能擁戴，上愛下敬，相習成風，則慢心全袪；一團之衆，猶如水乳和合，而保民護國之勛業，何難建樹呢！以上所講是爲大慈悲，更有大無畏，大無我二義。

第二、大無畏之精神學。無畏者、無所怖畏，俗語說：就是「不怕」。大凡人有畏心，其志必怯，事業難成。心若無畏，其氣必壯，功業易建。人生所畏之事甚多，不能枚舉，求其最切近於己者，是人人無一不怕老病死三事。怕老何故？以壯歲日遷，老景漸迫，精神昏昧，殆至不久於世。怕病何故？以四大（地、水、火、風解在後）失調，一身困苦，醫藥罔效，命在頃刻之間。怕死何故？以貪生怕死，人所同情，一息不來，永成千秋之別。以上所說三事，究竟只是一事，怕老者爲死期將至，怕病者爲死相現前，就是一「怕死」而已。佛敎所說大無畏者，不是不怕法律也，也不是不怕因果也，就是「不怕死」。而能「不怕死」者，是得「大無畏」也。

法律不可不怕。以法律爲立國之本，一切人民皆依法律爲保障，故當視如神聖不可侵犯。即軍中之軍令紀律，亦復如是，均要遵奉。因果，亦不可不怕。世人多由不信因果，所以縱心造惡，而無忌憚，以致墮落。實在因果是世間不易之定理，作善因必招樂果，作惡因必招苦果，依因感果，無可改移。因是種子，果是收成，世人種甘蔗之種子，必得甜味，種苦瓜之種子，必得苦味，因果定然相符，斷無「種甘蔗結苦瓜，種苦瓜生甘蔗」之理。世人每說，「佛家創因果之說以惑人」此語實屬大錯。

不知信因果者爲不惑，不信因果者，正是大惑。因果之說，不獨佛家有之，例如，儒云：「作善降之百祥，作不善降之百殃。」又云：「積善之家，必有餘慶，積不善之家，必有餘殃。」詎非因果之說乎？道家太上感應篇云：「善惡之報，如影隨形，形直則影直，形彎則影曲。」以因果決定不離，故喻如形影。佛教則曰：「心能作天堂，心能作地獄。」此爲大乘正理之說，與世人所說生天堂墮地獄，其主權操在閻羅王者，大不相同。倘信閻羅王有這種特權，是謂迷信，而非正信。大乘正破此種迷信，佛說：天堂地獄皆由人心善惡所作成，人心善惡爲因，天堂地獄苦樂爲果，一切果報，不出因心，深信「因能感果」是謂正信，可以破除迷信。

有人反指佛教爲迷信者，實枉屈之也。天堂樂果，所受福樂，自然思衣衣來，思食食來，所住宮殿，七寶合成，六塵境界，莊嚴美妙，五種神通，（天眼澈見，天耳遙聞，他心悉知，神足遠到，宿命不昧），一一具足。若不修十善，決定不能生天。十善不出身口意三業。身三業：不殺、不盜、不邪淫。口四業：不妄語、不綺語、不惡口、不兩舌。意三業：不貪、不瞋、不癡。

殺生之事，本是傷慈，然立身軍界，爲除暴安良，保民護國，奉有軍令，而與私意殺害者有別。若對私人份內，一定不可行。殺人爲因，必招人殺之果，如無故殺人，以强凌弱，則處以軍法，豈非等同自殺耶！故身以不殺爲善。不盜者、不可偷盜他人財物，一針一草，不與不取，臨財毋苟得，見利必思義，故不可偷盜。不邪淫者，他人妻女，他所守護，不可非禮故犯，調戲誘姦，脅迫從事，俱屬有罪。古訓有云：「萬惡淫爲首。」又云：「孽海茫茫，首惡無如色慾。」故不可邪淫，此爲身業三善。

不妄語者，吐詞眞實，無有虛妄。不綺語者，不說花言巧語，每見世人，口頭甜如蜜，心內利如劍，此卽綺語。孔曰：「巧言令色，鮮矣仁。」不惡口者、不可以惡毒語言咀罵於人。不兩舌者，不可向彼說此，向此說彼，兩頭撥弄是非，此爲口業四善。不貪者、恬淡自守，對一切順情之境，不生貪愛之心。不瞋者、忍辱爲懷，對一切逆情之境，不起瞋恨之念。不癡者、心常覺悟，對一切理事之中，不存癡迷之見，此爲意業三善。身口意三業，能行十善，是卽天堂之因，天堂乃是十善之果，若反此不行十善，而作十惡，則是地獄因，地獄亦卽是十惡之果，故曰：「心作天堂，心作地獄。」天堂有路，若不作善業，雖然欲生，到底不生。地獄無門，若作惡業，雖欲不入，不得不入，此卽「因果不昧」之理。

世有邪見之人，不知因果，有同時因果，現生因果，隔世因果三種之別。時常撥無因果，此爲「破見」，是大罪過，不獨自誤，而能誤人。故曰：「破見之罪，比破戒爲更大。」何謂同時因果？如有一人，見別人身帶多金，竟然攔路搶刼，隨卽被捕鎗決示衆，此爲「同時惡因果」。若有一人，遺失公款，無力賠償，有欲尋死。更有一人，察知其故，付款代償，以救其命。旁觀者，卽讚此人爲大善人。施款救命，因也，得大善人之榮譽，果也，此爲「同時善因果」。

何謂現生因果？少年所作善惡，中年受報，中年所作善惡，晚年受報。古

語云：「莫道爲善不昌，殃盡必昌。莫道爲惡不報，祗因時節未到，時節若到，絲毫不錯。」何謂隔世因果？以世人今生雖然作善，而前世惡業果報未了，今生善業薄弱，不能敵他，故不能卽感善果。世有一種作惡之人，愈作愈發達，並非作惡所感樂報，亦由前世善報未了故也。

佛教古德有偈云：「欲知前世因（或善或惡），今生受者是；欲知後世果（或善或惡），今生作者是。」凡論因果者，定要明白三世因果。因果二字，實足以範圍人心，倘若撥無因果，生大邪見，自誤誤人，必定墮落地獄。昔有一僧遇有人問曰：「大善知識，落因果否？」答曰：「不『落』因果。」由此錯答一字，五百世墮落野狐之身，至百丈祖師時，化現異人，而來聽法，聞說「不『昧』因果」，方始滅罪超生，是則因果不可不怕也。我說佛教大無畏者，乃是不怕死也。

凡爲天下奇男子，世間大丈夫，必有高尚之見解，視色身如夢幻，視生死如鴻毛，但求建功立業，保國安民，對於個人，無有不可犧牲者。余嘗與人書聯云：「丈夫自有冲天志。」男子故當存救世之心，正氣歌云：「天地有正氣，雜然賦流形，下則爲河嶽，上則爲日星，於人曰浩然，沛乎塞滄溟。」吾人秉兩間之正氣，自當養吾浩然之氣，而成偉大之事業。切勿「貪生怕死」，爲無生氣之傀儡。必須認定目標，我生斯世，自當盡我天職。但能福國利民，則雖肝腦塗地，皆所不惜，能存此心，自得「大無畏」。

佛云：「身如聚沫，身如芭蕉。」本是無常不實之物，何必過於愛惜！若把此身看得輕，生死自然不怕，大無畏之精神自可現前；況生死之中，還有不死者在，如能爲國捐軀，名留青史，色身雖死，精神不死，如黃花岡諸烈士，身死功存，年年受國人之紀念，其榮耀爲何如也！諸位！生爲男子，立在軍中，當抱偉大之思想，期立不朽之功業，齊學佛教大無畏之精神，人人爲大丈夫，個個爲奇男子，方能壽世不死也。

第三大無我之精神學。先要從「我」字講起，後講到「無我」，再講到「大無我」。一切世人，莫不共執現前身心，以爲實我，圓覺經云：「一切衆生，從無始來，種種顚倒，妄認四大，爲自身相，六塵緣影，爲自心相。」何謂顚倒？本來無我，妄執爲我，是爲顚倒。「種種」二字，卽指身心，二皆妄認，對於無常不實之身心，認作眞實之我，故曰：「妄認身者」。世俗云：「是父精母血，結合而成。」佛教云：「是地水火風四大和合而有，皮肉筋骨屬地大（有形質如地之有礙）；精血便利屬水大；周身煖觸，屬火大；鼻息運轉爲風大。」猶儒教云：「人身是金木水火土五行所成之義。」

四大中，前三大易知，第四運轉，說爲風大，難知。風者、有流動運轉之功，如手足運轉，皆風大之力用。假使風大失調，在手不動，則名「手瘋」，在足不動，則名「足瘋」，以此可證一身運轉，皆屬「風大」。四大和合，虛妄有生，四大分離，虛妄名死。人身之死，風大先離，鼻息遂斷，周身不動。第二火大亦離，身發冷觸。第三若不及時收斂棺中，胖脹水流，水大亦去，祇剩皮包白骨，到底亦無。有難云：「白骨不無。」答曰：「非實不無，不過不卽無，而經久方無，白骨終化爲土。」若不化爲土，則前朝所葬之人不少，自應徧地皆成白骨場，何以古墳掘之，內卽無骨，卽此可證白骨，終歸於空。四大既是有合有離，自屬無常不實。人生上壽，不過百年，世緣既畢，斷難由我主宰保留此身，永遠不死。

由是看來，此身究竟非實，衆生妄認四大爲眞身者，是一顚倒也。心者、有「眞」有「妄」，世俗多皆「迷眞認妄」，「執妄爲眞」。何以知之？試問於人曰：「汝有心否？」彼必答云：「有心。」再問曰：「汝心在何處？」彼必以手指胸中云：「在這裏。」此人卽是不知眞心，彼所指者是肉團心，雖名爲心，但是肉質，狀如蓮華，晝寤則開，夜寐則合，全無何種功能力用。我說此心無用，只恐大家必定懷疑不信。現在此心，而能東思西想，何以說爲無用呢？然此種說話，一錯再錯，將肉團心當爲眞心一錯也。又將第六「意識」思想之功能，認作肉團心之功能，再錯也。

肉團心若能思想，則此心未離身中，皆當思想，何以人身乍死，此心仍在，卽便不能思想？當知思想是第六「意識」，人死六識離身，故肉團心雖在，便不能想，卽此可證肉團心無用。第六意識雖能思想，只是六塵緣影，亦非眞心。何謂六塵？卽色聲香味觸法六種塵境，吾人具足眼耳鼻舌身意六根，對於六塵，而起六識之心：眼根對色塵，而生眼識；耳根對聲塵，而生耳識；鼻根對香塵，而生鼻識；舌根對味塵，而生舌識；身根對觸塵，而生身識；意根對法塵，而生意識。

吾人六根對六塵之境，而起六識之心。前五識力微，惟第六意識，其力最强，善能分別好醜，而起憎愛，使令身口造作惡業，將來能使第八識依業受報。第六識心，雖有種種功能，畢竟非實，本無自體，隨六塵爲有無，如眼根見色，卽有分別色塵之意識生；乃至意根對法，則有分別法塵之意識生。六識爲能緣心，六塵爲所緣境，塵有則有，塵無則無，六塵如形，識心如影，卽指此心，無體非實，衆生妄認六塵緣影爲眞心者，是二顚倒也。

一切衆生，無不妄認虛僞身心，執爲實我，旣執爲我，必存愛我之心，貪瞋癡等諸不善心，無不因此輾轉發生。如世人貪求財色名食睡五欲之境，皆是因「我」而起。何以貪財爲我？要受用故。何以貪色爲我？要娛樂故。何以貪名爲我？要榮耀故。何以貪食爲我？要滋養故。何以貪睡（包含床榻被褥在內）爲我？要安樂故。佛經云：「財色名食睡，地獄五條根。」此「根」卽生於「我」字，若我所貪之財色名食睡五欲之境，或被人妨礙，或爲人攘奪，則瞋怒之心勃然而起。貪瞋旣起，無惡不作，心地黑暗，是大愚癡。貪瞋癡三毒，實以「我執」爲本，一一無非爲著「我」。然「我」之範圍，能漸漸擴大，初貪求一己之五欲，如是輾轉及於妻妾子孫，由一家而一族，其貪愈不可遏，瞋癡亦然。一切世人，各各皆因「我」而起三毒之心，故國家日見糾紛，世界不得和平，「我」之爲害，洵大矣哉！

佛觀衆生，皆因「我執」之病，所以起惑（卽煩惱心）作業，依業受報，輪迴生死，不得解脫。由是說出「無我」之法藥，而醫衆生「我執」之心病。若能了知身心虛妄，不執以爲實，則我執心病除矣。佛說「無我觀」，卽是「澈底的人生觀」。敎人觀察吾人所認「我」者，本來「無我」。不過色心二法組織而成，假名曰「我」。色法有四，卽地水火風四大組織而成肉體，謂之色蘊。心法亦有四，卽受想行識四蘊。合爲五蘊，蘊者，積聚義，積聚五法，方成爲人。色蘊已知，何爲受蘊？受者、領納爲義，能領納前塵境界，如眼受色，耳受聲等。想者、取像爲義，能想像所受境界好醜，不好醜等。行者、遷流爲義，卽念念思量，相續不斷，如急流水，日夜遷流，無暫停歇。孔夫子一日在川上嘆曰：「逝者（卽遷流）如斯夫，不捨晝夜。」卽說行陰，非說水也。

識者、了別爲義，而能了別諸法，若按第八「阿賴耶識」（譯爲含藏識能含藏根身器界種子等），又名「執持識」，能執持一期壽命，而得住世。故作「無我觀」者、觀察依此五蘊身心，假名曰我。如五人組合而成團體，五人分散，團體卽無，本無實我可得。若執色蘊是我，其餘四蘊又是誰，若執五蘊皆我，豈有五我之理！反復觀察，「我」不可得，是謂「我空」。佛有時說「我空觀」，卽「無我觀」。令人觀察此身，本來是空，不必等到死後纔空，卽現前未死本是空的。

此身如夢境，此身如幻事，所以當下卽空，這種道理，明心覺悟之士方信

。若未具慧眼者，多皆不信，且必欲諍辯不已。謂「現前此身，非在夢中，何得謂爲夢境？這種思想，人多如是，這正是大夢未覺，而在夢中作夢想也。當知一夕之夢爲小夢，一生之夢爲大夢，不可但認夕間是夢，而執一生非夢。古德云：「世間是個大夢場。」諸葛武侯曰：「大夢誰先覺，平生我自知。」此兩則，皆指一生爲大夢，此身正是夢中身，不待夢醒身空，正在夢時，其身本空，佛則覺醒浮生大夢，故稱大覺世尊。

何謂幻事？世有幻師，能以幻咒幻術之力，變化種種事物，如取一碗水覆之，以巾含咒書符，少頃掣巾示人，水中有二尾鯉魚，有智大人，則知此魚幻術所成，不認爲實，若無識小人，一見則以爲眞；迷者如小人，覺者如大人，覺我此身，同彼幻事，吾人能常作夢觀幻觀，此身自空，我執自除。既不執身心爲我，自無愛我之心，而貪瞋癡等三毒煩惱，亦無自而生矣。上說「無我」，如何是「大無我」？內觀察一身之我，既然如夢境如幻事，則所謂我家我族，一一無非如夢如幻，則無我之範圍，亦漸漸擴大，而爲「大無我」。諸君在軍界中，一定要學佛教「大無我」之精神，學不存身家之「我見」，自然心無罣礙。無罣礙故，無有恐怖，恐怖既無，膽氣自壯，可以「建功立業，福國佑民」。

更有最後數語，諸君、切當謹記！爲軍人者，不但當觀身空，還要更觀境空。若能觀得身境俱空，則雖大敵當前，自能鼓其銳氣，逞其雄威，奮勇爭先，不貪生，不怕死，如入無人之境，何難立破勁敵，立奏奇功！此卽圓瑛所希望，諸君！位位身爲奇男子，位位將立大功業，自愧才拙語鈍，不善講演，惟祈指正！

歡迎會演講　福州功德林講經法會

圓瑛前在此間講經，承諸道友，殷勤招待，銘感奚如！別後身雖在外，而心常在閩，屢擬重來，與諸道友研究佛典。乃因法務牽纏，又兼環境所迫，致欲行輒止，忽忽又隔三年。此次回閩，路經申江，適因寺產風潮，同人推爲代表，前往國府請願。竊以寺產，乃僧衆命脈，佛法賴僧侶流傳，寺產不存，僧衆無以生活，佛法恐亦因之而消滅。由是徇同人之請，前往國府，主以信教自由，各國皆然，卽國民黨綱，亦有明文規定。幸國府中亦有愛護佛法者，芻言得以採納，卒對教育會議案擱置。惟對於佛學院、養老院、孤兒院等，頗爲注意，代表悉承認之。我們對於社會上慈善事業，本屬應爲，故在上海籌議開設養老等院。往返蘇浙，多爲阻滯。同人皆欲挽留，幫同整理，但承諸林友，邀約在先，敢不履踐。由是乘間旋閩，本日諸林友開會歡迎，誠不敢當？圓瑛閩人回閩，更無歡迎之必要，旣承諸林友熱誠，望將歡迎圓瑛移爲歡迎佛法。諸位如此誠意，足見對於佛法，確爲誠懇，圓瑛於此，亦有感焉！本日未遑答詞，但念我等都是佛教徒，我心直言直，甚望諸位旣爲佛教徒，必求名實相稱。

夫學佛兩字，乃是佛教徒責任，旣爲佛子，當作佛事。所謂佛事者，不外自利利他。世尊在雪山，苦行六年，爲求自利，蓋自不能度，焉能度他？至三十歲，十二月初八，覩明星而悟道，了知大地衆生本來是佛。佛者、覺也，印度稱佛陀，此稱覺者，覺性衆生本具，故曰：衆生本來是佛；因迷覺性，背覺合塵，所以流轉六道。世尊從茲圓覺，說法四十九年，卽是自覺覺他。諸位今日學道，雖知自利利他，自利者，卽如我在生死海中，就是輪迴，若非斷盡煩惱，則智慧光明焉露？故必先斷煩惱，以求自利。凡夫皆有煩惱，人心如鏡，煩惱如塵，鏡被塵障，失其光明。修行者、卽如磨鏡，法門爲八萬四千，門門皆可入道，所謂方便多門，歸元無二。如念阿彌陀佛，今日念，明日念，時時刻刻念，洗盡塵勞，卽現光明智慧。勿使妄心，攀緣外境：眼緣色，耳緣聲，鼻緣香，舌緣味，身緣觸，意緣法，卽生分別。好者取之，惡者捨之，由取捨而生苦因，由苦因而成苦果。若知六塵是假，心不隨轉，則是修行人求自利自覺之道，然後卽可以勸人修道。勸人修道，卽是利他，雖衆生力不及佛，然當各盡其力而爲。

菩薩發四宏願云：「衆生無邊誓願度，煩惱無盡誓願斷，法門無量誓願學，佛道無上誓願成。」此卽自利利他大願。

第一句是利他，我今日述此四願，望大家照此四願而行。無論衆生能度盡與否，總當盡吾力而度。譬喻前年我來講經時，林友不滿三百人，現人人皆知學道。今日林友已約有千人，果能人人發願度人，今日度一人，明日度一人，而受度之人，復日日度人，何難衆生度盡，不幾時閩中必至全無惡人。甚望各位發度衆心，還望欲度衆生，先知自度。譬喻人溺於水，我拙泅水，從水而度，勢必人我俱亡。

第二句煩惱無盡誓願斷：煩惱根本有六，貪瞋癡慢疑邪見是也。欲斷煩惱，須知迴光返照，此爲根本煩惱，尚有枝末八萬四千塵勞，都應斷除。煩惱是惑，譬喻貪財爲匪，依惑作業，必成惡果，此佛教所謂因果，不得謂之迷信。

煩惱斷卽無惑，無惑卽無業，不作三界因，定無三界報，故欲度衆生，必先斷除煩惱，煩惱雖斷，法門未學，僅能自利，不能利他。

第三句法門無量誓願學：衆生煩惱八萬四千，故法門亦有八萬四千，煩惱是病，法門是藥，八萬四千法門，總之戒定慧三字耳。戒者、止也，止息妄念，令不馳散，妄念既息，寂靜轉安，故曰戒能生定。定極光通，照了諸法，故曰定能生慧。戒定慧三學具足，卽能普度衆生。而衆生心病不一，治亦不一，因病下藥，隨機說法。凡夫着有，卽起貪心，着有如熱病，爲說法空如涼藥；二乘着空，卽生滿足，著空如冷病，爲說有法如熱藥；總令調劑得宜，不生執着。是故佛稱爲大醫王，欲度衆生，自學法門也。

第四句佛道無上誓願成：諸位！學佛必應發願，同佛斷盡生死，證大涅槃。由不思議智，起不思議用，窮未來際，普利衆生。佛道超九界以獨尊，故稱無上。諸位佛性本具，人人成佛有分，不可自生退屈，亦不可自恃天眞。凡此四宏誓願，各宜力行，以報佛恩。此卽圓瑛所以奉答諸林友歡迎之盛意也。

佛教療養之法 汕頭嶺東佛教會

吾人鑄形父母，寄迹乾坤，隨業受身，依因感果，是身不實，四大假合所成。有病方知五陰幻報爲苦，古云：「有病方知身是苦。」斯言、信不誣也。然當知病苦與身，不相捨離，病是身生，身爲苦本，苦乃身受，世人一一皆然。自應研究病源何從？苦因何在？方可施以療養之法。病之所起，起於四大不調，四大之身，乃因欲有，欲自愛生，愛由心起。吾人眞心，一念未動以前，清淨本然，身尚不有，何況病苦？一念既動之後，從眞起妄，依妄惑（妄心愛也），造妄業（過去欲也），依妄業，受妄報（現在身也老病死苦），此身病苦，世人皆知，而心病大苦，衆生罔覺。身病若得醫藥之力療養之法可望安痊，心病非假如來之敎，修持之功，無由調治。心病者何？輕病法執，執諸法爲實有，重病我執，執五陰（卽內外身心）爲實我，依此我法二執之心病，起惑造業，感報受身，而爲衆苦所集。圓覺經云：妄認四大，爲自（我也）身相，妄認六塵緣影（意識也）爲自（亦我也）心相，認此身心，以爲實我，是爲我執。不了四大本空，身如幻化，六識非有，心同影像，身心尚不可得，我相何從安立？無我執我爲妄執，非我認我爲妄認，世間一切諸法，亦復如是。猶如空華，病目妄見，亦如夢境，迷心妄現，何嘗實有？因衆生在長夜大夢之中，翳病深重之時，無中見有，妄執爲實，是爲法執。我法二執根於心，卽爲心病，而爲諸病之根源，衆苦之本因。佛爲無上大醫王，善知衆生身心二病，故爲說我法二空之法藥而療養之，則藥到自可病除矣。若衆生不肯依法修觀，雖有良藥，無益於病。依法修觀，當如何修？須從自心起智觀察，作我法二空觀，先觀身心，乃色受想行識五蘊，心色二法和合，假名爲我。色、卽外身，地水火風四大色法，假合成身，皮肉筋骨屬地大，痰淚精血，爲水大，周身煖相爲火大，手足運轉，鼻息出入，爲風大，是爲色蘊。受、卽眼耳鼻舌身五識，領受色聲香味觸五塵之境，是爲受蘊。想、卽第六意識，思想分別法塵之境，是爲想蘊。行、卽第七識，恆審思量，念念相續，遷流不息，是爲行蘊。識、卽第八阿賴耶識，在吾人身中，投胎時先來，捨報時（臨終死也）後去，是爲識蘊。時時心中修觀，觀智分明，了知現前所稱我者，乃四大色法，八識心法，和合而有，本無實我可得，則我空也。

復更進觀五蘊諸法，不僅五蘊和合所成之妄我本空，卽能成之五蘊亦空。又不僅內身四大之色法空，卽身外之山河大地，萬象森羅，四大之外色，亦如夢中境，了無實體，亦復本空。於是則身心世界，一切皆空。身心尚不有，病苦復何依。我法二空觀，修習得成，則身心一切諸病皆除，此卽我佛之法藥，療養之奇方。

歡迎大會答辭　北平廣濟寺講經法會

圓瑛此次到平，承蒙諸山大德，諸位名流，各團體各界諸君，到站歡迎，十分感激！今日復承開此歡迎大會，謹此致謝！圓瑛今天得與諸君聚會一堂，暢聆雅教，實有一段大因緣。正宜藉此良好機會，與諸君談談佛教。佛教是最純粹之教，其理高深，其義廣博。所謂高深者，乃諸佛衆生本來平等，只因迷悟之分，迷爲衆生，悟則成佛。並非高推一人如萬能，其餘皆爲萬能之所支配。所謂廣博者、乃一切學理所不能及，以佛學能收攝哲學科學，而哲學科學不能收攝佛學。卽於治世而言，佛教可以覺悟人心，維持世道，使人知因識果，改惡遷善。

善惡爲世間治亂之源，心爲善惡樞鈕，非佛教無以正人心，無以維世道。希望在座諸君，無論是爲國爲民爲己，皆要信仰佛教。是佛一革心之法：第一、當革除我執之心。不執此國爲我，彼國爲人，若有人我，則有是非鬥爭；當視天下如一家，彼此親善，互相敦睦，則國豈有不和平之理！第二、當革除自私之心。事事當爲人民謀利益，民安則國治，古云：「得天下者，先要得民心。」故爲人民謀利益，決不容緩也。第三、當革除不善之心。天下人無不爲己，既要爲己，自當積德修福，廣行方便，捨己利人，則依因感果，自得善報，此乃爲己之正道。切勿但知爲己，不肯行善，則雖眼前得利，其實反以害己也。如上之事，皆佛教所備載，實可以補助政治法律之不及，望諸君合力提倡佛教，宣揚佛法，而使普及，則自可正人心，而挽劫運，致世界於和平。圓瑛不善說辭，倘希　指教！

佛教與世界之關係　南京仁王護國經法會

今天講題，是佛教與世界之關係。諸位！畢竟關係何在？凡世界所有各國人民，必要信仰一種宗教，其心方得有所歸宿，其人方能歸於良善。但各宗教之旨，雖是種種不同，而化民爲善，則一而已。

今且就佛教而論，佛教卽釋迦牟尼佛所說之教法，高深廣博，具足世間法，出世間法，可以覺悟人心，維持世道，堪爲文化之中心。我佛所說教義，不出戒定慧三種學說，今但就戒學而論，卽與世界有莫大之關係。

戒者、止也。教人當止諸惡，身不行惡事：不殺生、不偸盜、不邪淫。口不說惡話：不妄言、不綺語、不惡口、不兩舌。意不起惡念：不貪、不瞋、不癡。身口意三業之惡不起，自然衆善奉行。一人化於家，則成良善家庭；多人化於國，則成良善國家；多國徧於世，則成良善世界。

世界之治亂，全由人心善惡所造成。若欲求世界和平，定當宣傳佛教戒學，戒學能得昌明於世間，則舉世人心亂源止息，自可感召天和，而邀幸福，豈非佛教與世界有密切之關係耶！佛教戒法，可以補助世界國家法律之不及，法律但能治人民犯罪於已然，既犯法律，加以處分；而佛教戒法，可令人民，畏罪不犯，而防非止惡，功效甚大。世界國家，應當共崇佛教。戒之一字，是救正人心之唯一善法，是挽回刼運之唯一方針。我佛教如是說，卽與孔子所說之戒，若合符節。論語云：「血氣未定，戒之在色。」不可貪求色欲，卽佛教戒癡。「血氣方剛，戒之在鬥。」不可戰鬥殺伐，卽佛教戒瞋，殺伐之事必從瞋起，以一念瞋心起，八萬障門開，故一定要戒止。「血氣既衰，戒之在得。」不可貪得無厭，卽佛教戒貪。是知戒之爲法，誠我國佛儒二教不約而同，實爲治國平天下之東方文化，我等應當努力提倡。中國最高文化令得普及於全球，不難化干戈爲玉帛，轉亂世爲和平，此是圓瑛日夕禱祝而盼望者也。

放生會演說　北平蓮池放生會

圓瑛此次北來講經，辱承諸位歡迎，並聘爲本會名譽會長，不勝感謝之至！本會創立，專以提倡戒殺放生爲務，圓瑛無任贊同！年來南北各善團，時有聘爲名譽各職，概辭不就，惟戒殺放生功德，乃爲予之素願。前在滬上發起創辦護生會，提倡保護動物，亦與此旨吻合。今既承大會諸公不棄，聘爲名譽會長，自當隨喜，樂爲接受，力盡棉薄，以期風動天下，早消刼運也。

至論護生一事，佛儒二教，若合符節。我佛以大慈大悲而爲救世之本，大慈者，與一切衆生之樂，大悲者，拔一切衆生之苦；以一切衆生皆有佛性，形骸雖異，知覺本同，莫不貪生愛命，豈肯心甘爲食者乎？吾人當學佛之大慈大悲，實行戒殺放生，方是學佛之行。是以學佛者，不僅持律戒殺，尤當竭力放生，方合我佛慈悲宗旨。

儒教周易有言，乾曰大生，坤曰廣生，天地之大德曰生，故孔子讚易以生生。吾人應體天地好生之德，提倡戒殺放生。且孟子云：「見其生，不忍見其死；聞其聲，不忍食其肉。」細究其義，前二句卽勸人戒殺放生，後二句卽勸人持齋茹素。旣見其生，非特不忍自殺而見其死，並不忍其爲他人所殺死，故必捨己資財，贖其身命而放之。聞屠門被殺哀號之聲，非特不忍食此衆生之肉，更不忍食一切衆生之肉，必終身茹素也。孟子又云：「惻隱之心，仁之端也。無惻隱之心，非人也。」凡讀孟子者，亦皆所深知。倘見衆生蒙難而不救，且更啖其肉者，則全無惻隱之心矣。故吾人應當愛物存仁，提倡護生，實與佛儒之宗旨相合，望各力行宣傳，則幸甚矣。

圓瑛在孩童時，見煮鱉魚，而鱉魚奮命，將鍋蓋頂起欲逃之慘狀。又見鷄被殺前，兩眼皆突出，含寃怒視，似懷報復，遂感動於心，以後卽不敢食肉。出家以來，每年力行放生。本會乃以蓮池放生會爲名，當以佛教慈悲，儒宗惻隱，而作護生運動，實爲天下無上吉祥善事。諸位既發心入會爲會員，必須一律實行茹素，不可再行食肉，以作社會模範。既能自行化他，則推行會務，更覺容易。若一面放生，一面食肉，則與佛教慈悲救世未免大相矛盾。至茹素一節，實爲最易，並無所難。在會中有未能完全實行者，卽由於尚未具足慈悲心之故也。果人人具足慈悲之心，斷無食肉之理，希望在會諸君，勉力行之。卽遇壽辰、結婚、生子、是自己求生，慶生吉祥之事，均宜戒殺放生茹素，以善因而求善果也。

有人謂天生萬物以養人，畜牲本供人所食，如畜牲不殺而食之，則遍地成爲畜牲世界。殊不知天生之稻粱粟麥黍稷瓜果蔬菜等，其品類已異常豐富，均足以養人，何必定以殺生而食；且世上之物，不一定以殺卽可減少，不殺卽應增多。如廣東人嗜食鼠，而鼠不見減少，而京津人不食鼠，而鼠不見增多。蓋有殺卽有生，無殺卽無生，世俗只云殺食，可以滅生，而不明殺食反更滋生。此因智慧不足，而生此謬解，遂釀成滔滔不堪收拾之惡業，言之實可痛心。尚望在會諸君力爲正之，俾得回心向善，而學我佛慈悲妙行，則殺因旣止，殺刼潛消，而世界之戰爭，自可從茲止息矣。

佛教與做人　上海靜安寺星期講座

諸位！圓瑛此次到天津北京，講經六個多月，方回未久，今天到此講演，講題是趙樸初居士所擬的「佛教與做人」。這個題目很有趣味，諸位莫道做人與佛教沒有相關，也不可說做人有什麼爲難。世界上很多的人若要問他做人的道理，大多數都是不注意的，若沒有加以研究的，都以爲做人是很容易的。那裡知道不但成佛難，就是做人也不易啊。何以見得做人是不容易呢？大凡我們託生於天地之間，要具道德學問閱歷三種資格，方成完全人格。若不具此三種，就不可說是會做人。

（一）若無道德，則對家庭不能孝順父母，友愛兄弟，養育妻子，對外不能忠信朋友，和睦鄉黨，不守公德，凡公共場所不肯擁護，公用物件不肯愛惜，不恤同胞，不濟苦難，祇圖己利，不顧損人，此皆無道德之行爲，不合做人之道。余嘗謂道德爲立身根本，若無道德，何以立身？

（二）若無學問，不特佛學哲學理趣洪深不能了解，即對各種科學，各宗學說，亦不能披閱，世間常識，亦復茫然，名爲白丁，問若啞漢，此皆無學問之表現，亦不合做人之道。余嘗謂學問是應世經綸，若無學問，何以應世？

（三）若無閱歷，即無經驗。無論政軍學商各界，必有閱歷，方富經驗。倘無經驗，爲政者、難收治國安民之效；爲軍者、莫獲建功立業之策；教學者，不得因才教育之功；經商者、安望貨殖生財之道，乃至百工技藝，農作之人，皆須經驗，方能獲利，如無閱歷亦不合做人之道。余嘗謂閱歷是成功左券，若無閱歷，何以成功？

以上所講道德、學問、閱歷三者，如寶鼎之三足，闕一不可。雖有道德而無學問，不能利人；若有學問而無道德，不足服人；即使道學兼具，而無閱歷，必定不能辦事，遇境逢緣，無由應付。譬有良好機器，不諳使用，亦屬可惜。故做人必須具足三種資格，方算得會做人。

現見世界上許多人，昏昏度日，過了一天是一天，並不想着做人道理，也不知做人如何做法，只曉得穿衣吃飯。故古人對此等不具道德學問閱歷之人，呼爲衣架子、飯袋子、此卽寓有譏諷不會做人之意。

現在對世間法上，講做人道理，要具三種資格，已是不容易的，今再講佛教與做人，有密切關係。佛教者、卽釋迦牟尼佛度生之教法也。我佛是在中國周朝時代，生於中印度迦維衞國，爲皇太子，年至十九歲，因見世人有老病死三種痛苦，無法解決，所以發心出家修道，欲度衆生。至三十歲成佛，說法四十九年，稱爲佛教。共有五乘教法，人天乘是世間法，餘是出世間法，說人乘卽教人做人的道理，現在多人，不會研究佛學，不知佛教與做人的關係，都認着佛教是出世法，與世人無干，此是錯誤。

又有隨聲附和之流，指佛教爲迷信，更屬非是。佛是大覺悟的人，自覺覺他，覺行圓滿，方能成佛。覺就不迷，迷就不覺，佛旣大覺，豈有敎人迷耶？佛教正是破迷之教，如五更洪鐘，能醒世人迷夢，望諸位一定要信佛教，研究佛教，由信而解，因解起行，有修得證，能得無量利益。古來許多大學問家皆信佛學，得大受用。

如何是佛教人乘？就是佛說五戒爲人道之因，五戒全無，必失人身。五戒者、第一戒殺：不但不可殺人，乃至一切動物，凡有命者，皆不得殺，應生慈悲心，與衆生之樂，拔衆生之苦，以仁德及物，豈可殺彼身命，養我口腹耶！第二戒盜：不但貴重財物不得强取盜取，乃至微小之物，亦不可竊取。他人財物，是他人所有權，不與不取，見利思義，豈可明瞞暗騙，偷竊詐取耶？第三戒邪淫：世俗之人，一夫一妻，倫常所許，夫妻之外，不可邪淫。非但不可强姦，乃至和姦，亦所不許，他人妻女，他所守護，豈可不遵禮教，淫亂行事耶？第四戒妄語：不但未曾得道說得道，未曾證果說證果，大妄語是當戒的。乃至見言不見，是言不是，皆屬無有信實，豈可虛妄發言，不守口業耶？第五戒飲酒：酒雖不是葷腥，亦無性命。然酒能亂性，多見醉後惹禍招殃。故佛爲防非止惡，亦復制止，不許飲酒。卽我國聖君夏禹，以儀狄製酒佳味，貶向蘇海，亦此意也。

此五戒、卽我佛教人做人之法，若前生能持一戒，亦可不失人身，但爲下等之人，一生困苦，能持二戒尚在中人以下，能持三戒，可爲中等之人，能持四戒，則在中人以上，但美中而有不足，全持五戒，則爲上等之人。人類之有富貴貧賤壽夭窮通之不等者，皆由前生持戒多少之故也。

此五戒卽儒教中五常：不殺生、仁也；不偷盜、義也；不邪淫、禮也；不妄語、信也；不飲酒、智也。能持五戒卽具道德。能知持戒，可以生善滅惡，卽是學問。如是閱歷世情，以驗持戒不持戒之得失，自可深信因果，看殺人之人，結果必遭他人之殺；偷盜之人，必至破案受刑；邪淫之人，必定喪身敗名；妄語之人，必不爲人信用；飲酒之人，必然醉後爲惡受苦。有此閱歷，如是持戒之心益堅，道德學問日見增進，佛之教人持戒，卽令人具足做人三種資格。身戒易持，口意難守，不說殺盜淫妄飲酒之言，不起殺盜邪淫妄語飲酒之念，自屬不易。我們做人，必須時刻留心，常存臨深履薄之心，如是做去，方可算得會做人。

上約佛教人乘做人講好，再約佛教大乘法說做人的道理，做人第一須除慳貪心：慳者、慳吝，自己財物，不能施捨，乃至拔一毛而利天下，都不肯爲。貪者、貪婪，他人財物，最好都爲我所有，慳貪是病，故佛教人做人，應行布施，以度慳貪。第二做人須斷惡念；惡念不起，身自然不行惡事，口自然不道惡言。故佛教人做人，必須持戒以度諸惡。第三做人須斷瞋恨心；惟是逆境之來，必要忍受，要明反忍亡忍觀忍慈忍四種工夫，故佛教人做人，當修忍辱以度瞋恨。第四做人須除懈怠心：無論何人，心多懈怠，一生功業無成，故佛教人做人，須要精進以度懈怠。第五做人要止散亂心：如若散亂，沒有把握，難免爲境所動，爲物所轉，故佛教人做人應學禪定以度散亂。第六做人要斷愚癡心；愚則不能成事，癡則不能明理，觸向多乖，心常暗昧，故佛教人做人須求智慧以度愚癡。

世人若能依佛教以做人，不但可以完全人格，照此六度之法修去，卽成佛也是不難。以六度具足萬行，前四度以求福，後二度以求慧，福慧滿足，自能成佛。

諸位！今天所講做人道理，先約世間法講，次約佛教人乘講，後約菩薩乘講，講到人能成佛爲止。我們人人具有佛性，人人皆當作佛，迷之則爲衆生，佛性埋沒於五蘊山中，如金埋在鑛中，悟之修之，則煩惱斷盡，佛性現前，可以成佛。如一座鑛山，已知有金，肯加開採煅煉之功，則渣滓既盡，眞金出鑛，可以不受埋沒，而爲世間之寶；衆生成佛，而爲佛寶，亦復如是。

深望諸位、將今天所講的話，仔細加以研究力行，由做人而求成佛，亦分內事也；況且這個時候，浩刼當前，民生痛苦，我們做人的人，當先依佛教做人，再進一步而求成佛，方能永離痛苦。諒大家一定很願意，很歡喜吧！

提倡素食聚餐會　上海功德林素食處

人生日用所需，飲食爲一大宗，素食葷食，與佛教、與世界國家、及世界人類，均有極大之關係。貴會之提倡素食，在表面上看來，不過一種飲食之事，在實際上論起，卽是提倡佛教，造福於世界國家人類，至深且鉅也。

何謂提倡佛教？以佛之教法，持戒爲先務之急，由戒生定，因定發慧，戒定慧三學，可以教化衆生，斷惡修善，了生脫死，轉凡成聖，是則名爲三無漏學。然戒法雖多，以戒殺爲第一，我佛慈悲爲本，方便爲門，慈者與衆生之樂，悲者拔衆生之苦，以衆生與我，形骸雖異，佛性本同，斷不可以我强而欺彼弱，將他肉而養自身。若殺之食之，慈悲何在？今提倡素食，卽本我佛慈悲宗旨，提倡戒殺之道也。

何謂造福世界國家？以世界國家和平是福，戰爭是禍，戰爭之禍，必有其源，禍源乃由各國人民同業所造成。所謂同業者，卽同造殺業之因，寃業聚會，同感殺伐之果。古德有云：「千百年來碗裏羹，寃深似海恨難平，欲知世上刀兵刼，但聽屠門夜半聲。」以此足證世界大戰，皆由殺業所造成。今提倡素食，果能普及世界各國，人人素食，不殺生命，卽可止息殺機，各國共享和平之幸福。

何謂造福世界人類？佛經云：「汝負我命，汝還我命，我負（欠也）汝命，我還汝命，惡業俱生，窮未來際，不可停寢。」以此看來，殺生食肉，直以自殺，殺氣滿兩間，釀成刀兵之刼，人類必遭殺害之苦。今提倡素食，由同會各會員同抱救人救世之本懷，努力前進，徧設分會於全世界，卽可造福於全人類也。今日之紀念會，直接則減殺生命，間接卽宏揚佛教，造福於國家與人類，實有足爲紀念之價値，望諸君與世界各善心士女羣策羣力而提倡，則幸甚矣！

佛教僧衆訓練班演說　上海玉佛寺

講題分三　一、佛法與世道人心之關係

當今末世，去聖時遙，人心日積日漓，世風愈趨愈降，若不急圖挽救，則不知將伊於胡底。竊思欲期救世，必先救正人心，欲正人心，必宜宏揚佛法；人心有種種病，佛法是種種藥，藥到自可病除，則人心旣正，世道日隆，是則佛法與世道人心有重大關係也。

二、荷擔佛法是誰責任

如上所明，佛法堪能救世，欲使佛法可以久住世間，普及於社會人心者，其責任在誰？古德有云：「佛法賴僧傳故。」若無眞正僧寶，則佛法二寶，亦不得以振興，必退落於世界各宗教之後。我等身爲佛子，負有荷擔佛法之重任，宜努力邁進以求學。

昌明佛法，興隆三寶，是我等僧伽之天職。故圓瑛出家之後，見僧寶讚中云：「利生爲事業，宏法是家務。」即抱定此二句志願做去。復思既欲宏法利生，必須研究佛法，卽所謂「工欲善其事，必先利其器。」雖不能窮盡敎海波瀾，法流源底，對於性相二宗，權實諸法，必定有所明白，方能應世。故悉心研究楞嚴十載，吐血三次，而不肯稍懈，重法輕身，祈禱佛光加被，乃得感應而愈。復習起信、唯識等論，天台、賢首二宗，時生慚愧，不敢自高自足。乃至今日，宏法三十餘年，年齡六十五歲，猶在求學中，學解學行。

今日承本市佛敎會函約，圓瑛前來與諸位講演，汝我同是僧伽，家中人但說家中話，佛敎家風，就是「宏法利生」，此四字目的做到，則佛法責任，荷擔得了。現在受訓期間，汝等青年優秀學僧，都是佛法寄託之人，其責任何等重大，切勿自輕退屈！

三、必有實學方成大用

奉勸諸位、有此良好機會，必須發大心，立大願。從此荷擔佛法重擔，學須實學，於受訓後，還須加以研究。學無止境，千萬不可生自足心。當常看古人撰述，學問何等淵博，知見何等眞正，則自足之心，自然不起，精進之念，油然而生。洞明性相二宗，圓融眞俗二諦，品學並重，言行相應，此二語切宜注意。既有實學，方成大用，可以隨機化導，饒益衆生，成就佛門法器，爲如來使者，作衆生導師，此是圓瑛所希望於諸位也。

佛教學院演講　北平中國佛學院

圓瑛今天受　貴院設齋歡迎，曷勝榮幸！在此歡迎聲中，生出許多感想。回憶民國九年來平講經之時，平中並無佛學院，今度前來講經，受各學院之歡迎，屈指大小僧尼學院，不下十處，而以　貴院爲佛教最高學院，此是北平佛教好現象，亦卽將來全國佛教好希望。何以故？各省寺庵聞風興起，創辦學院，培植僧才，將見人才輩出，豈非全國佛教之好希望耶？又佛教宗旨純粹，學理廣博，超出其他宗教之上，佛學能包括一切學說，一切學說不能包括佛學。

以佛具一切智，能知世間十法界一切諸法，故以先知覺後知，以先覺覺後覺，說出五乘學說，性相兩宗，堪稱巨夜之明燈，迷津之寶筏，已爲東西各國學者所公認。佛學爲最高之學理，爲文化之中心，誠非過喻也。

獨惜佛教初入中國，爲先儒所嫉視，目爲異端，指爲迷信，以致儒林學者不肯研究。不知佛教有益於社會人心，有裨於國家政化，幸得累朝高僧相繼出世，或得解悟，或得修證，以道德學問感動世人，故得佛教流傳至今，雖不能普及，亦未至於消滅，此固不幸中之幸也。

古云：「國家存亡，匹夫有責。」余曰：佛教興衰，教徒有責，又不僅出家僧伽有責，即在家居士，亦復有責。總而言之，佛教四衆弟子當同負護教責任。欲護佛教，須從研究佛學爲始，現在有此設備完全之學院，爲僧伽求學之所，大家自當發大志願，提起精神，努力學去。

此學院、乃周叔迦居士等所創辦，而周居士佛學淵博，具正知見，堪爲院中之領導者，非同一班依附佛教，左道旁門。圓瑛曾看過他著作言論，十分欽佩，諸位應當認識。奉勸諸位學員，不可起一種分別，以爲他是居士，汝是比丘，生起我慢。當知善財南詢，參五十三位善知識，有許多是在家人，祇要他學識勝我，卽是我師。經云：「依法不依人。」當將此語，奉爲明訓。

又奉勸諸大居士，旣發菩提心，而行希有事，此乃無上一段大因緣。應以善因而求善果，雖教授比丘，對比丘當作僧寶想，如太子太師，太子太傅，終日教太子，於太子不生輕慢心。圓瑛此種說話，是從一生所閱歷過來，是從直心道場之所流出，望　貴院師資，人人採納之，於現在當來不無少補。

更奉勸諸位學員，旣來求學，當立大志，當具決心，發大志願，願大弘佛教，廣度衆生。一切衆生根性不等，於五乘教法，必須徧學精通，於性相二宗，必須窮研徹底，勿徒事多聞，必力求實行，解行相應，方足爲度世舟航。如若有解無行，殊難令人信仰，當遵說食之譏，免流狂慧之病。

佛學深奧，非同他種學說，若無決心，那得窮徹法流源底，必須耐勞忍苦，古人云：「不吃苦中苦，難爲人上人。」轉而言之，欲爲人上人，當吃苦中苦。但是求學之苦，苦是樂之因，一定要一種決心，決定學到畢業，畢業之後，還要加功用行，將所學諸乘諸宗教法，依解起行，自覺覺他，自度度他，爲如來使，行菩薩道，把一肩佛法重擔，擔荷起來。果能人人如是，可令佛日永耀於中天，法雲彌布於大地，此是圓瑛所希望於諸位也！

尼衆學院開示　北平中國佛學分院

我佛證一切種智，說無量法門，一一皆從平等慈悲心中流出，普度衆生故，我佛有七衆弟子，女衆則居其四。此卽是我佛觀察，佛性平等，大道本無男女，故平等而教化之，平等而度脫之；如佛姨母、摩訶波闍波提，耶輸陀羅，性比丘尼等，於法華會上，亦得授記作佛。

諸位！在此學院求學，第一須明大理，一切衆生，本來是佛，位位皆有佛，若肯修行，皆當作佛，不可自卑自屈。第二須發大心，發自度度人之心，不可但求己利，得少爲足，當知旣欲自度度人，必須精進求學，解行相應，若求解，而不立行，則自度尚且不足，安能度人？自度者當度自心：心有慳貪，當修布施以度之；心有惡念，當修持戒以度之；心有瞋恨，當修忍辱以度之；心有懈怠，當修精進以度之；心有散亂，當修禪定以度之；心有愚癡，當修智慧以度之。

尼衆當負起化度女衆之責任，因與女界易於接近，能以六度度之。女界爲萬化之源，家庭敎育，是其專責，能以佛法敎化子女，將來成人，必能信佛學佛，此等皆由尼衆之所成就，望共勉之！

世界宗教會演講 上海

今日承蒙　貴會諸公開會歡迎，實覺感愧交集！感者、乃感諸公待遇之隆，愧者、自愧鄙人資格不足。古德云：「尊莫尊乎道，貴莫貴乎德。」鄙人非但道德全無，不能受此尊貴之待遇，卽學問亦復淺薄，未窮三藏之文，罔具四辯之智，那敢當此歡迎之名義。今日之所以到會者，因久聞貴會薈萃各國學者，實心研究佛學，振聵啓聾，扶世導俗，其宏願卓識，殊堪欽佩！鄙人身列沙門，生當末代，雖抱悲懷，未具智力，不能爲我佛昌明教旨，實希望貴會諸公，極力提倡，極力宏揚，揭慧日于中天，扇慈風於大地，使世界人人同知佛教與人生有莫大之關係，與國家有莫大之裨益，自可進世界於大同，度衆生於彼岸。何以故？茫茫大陸，濟濟人羣，雖富貴貧賤之不同，賢否智愚之有異，而厭苦求樂之心，未嘗不一，但既欲離苦，必須研究苦本，及與苦因。

苦本者、卽吾人之身，乃爲衆苦之本，生老病死四大苦外，卽爲名位衣食，財產眷屬，日汩沒於風塵，未嘗非苦，若無苦本，苦無所依。然既知身爲苦本，當究苦因，經云：「愛欲爲因，愛命爲果。」若離貪愛，則苦因既無，苦果誰受，非僅將來不求安樂，自得安樂，卽現世貪愛輕者，可以省了多少苦惱，詎非佛教與人生有莫大之關係哉？倘得佛教普及，人人離貪愛之心，豈徒國與國息戰爭之禍，卽在位者，亦不生排擠之心，在下者、亦不聞侵奪之事，又詎非佛教與國家有莫大之裨益哉？循此以往，人心和平，則世界之大同，自可不期然而然者矣。

諸公素抱愛國救民之觀念，卽此提倡研究佛學，可以造世界大同之幸福，可以爲衆生入聖之階梯，我佛臨當涅槃，以佛法咐囑國王大臣長者居士。諸公俱屬乘願再來，伏願愈堅宏願，運智運悲，各出廣長舌相，盡未來際，說法利生，何難轉娑婆而爲極樂耶？鄙人智庸詞鈍，更希　見教！

佛教大乘眞宗　長沙佛教居士林

佛教者、釋迦牟尼佛開示衆生之言教也。又名佛學，卽佛氏度生之學說，對治貪瞋癡三毒，而得解脫衆生生死輪迴之苦。其學說、判爲大小兩乘，小乘但說三界無常苦空無我，小機之人聞之，願斷三毒，願出三界欲界、色界、無色界，但求自利，獨善其身，此等之人，不負社會國家種種責任，而於羣衆，亦不妨礙。

大乘、則說萬法唯心，衆生卽佛，大根之人聞之，誓修六度，自離三毒，志在利他，不捨衆生。此等之人，而於社會國家，大有關係，能爲羣衆，作大導師。以上二種學說，對今日之時代，現前之社會，應闡大乘之眞宗，方足以挽人海之思潮，而作中流之砥柱。惟是大乘之理，本極高深，初機聞之，殊難信受，必宜細心研究，當有可信之處，經云：「佛法大海，信爲能入。」佛教大乘眞宗，不外唯心二字，故先說萬法唯心。楞嚴經云：諸法所生，唯心所現，一切因果，世界微塵，因心成體，心爲諸法之體，諸法是心之用，從體起用，用不離體。喻如世間種種金器，依金所成，金是衆器之體，衆器是金之用，依金作器，器器皆金；心生萬法，法法唯心，亦復如是。

卽今世界，競尚物質之文明，不假精神之救濟，所以日入旋渦，日形險惡，果欲改造此險惡世界，必以挽救人心爲前提。楞嚴經云：心平、則世界地一切皆平，卽心能改造世界之意。孔教亦云：「心正而後身修，身修而後家齊，家齊而後國治，國治而後天下平。」祇此數語，足見儒釋救世之旨，在正人心，若合符節，所以佛教立唯心爲宗。

世有一種唯物派之哲學家，與佛教唯心敵體反對。然佛教宗旨純粹，範圍廣大，哲學科學，無所不具。說唯心者窮源徹底之談，非不說唯物，如說由於四大（地、水、火、風）和合、發明世間種種諸相，此卽說明唯物乃淺近之談，不可認爲究竟。如指一把茶壺，佛淺說之，則四大所成，原料是地大之土，和水大之水，用火大之火，燒之必假風大之風，其火始熾，方能燒成茶壺。此卽唯物之學說，非唯心窮源之論，若追本源，沒有人起一念心要做茶壺，則雖有四大，亦斷不能成茶壺。卽此觀之，唯物是第二義，唯心方爲第一義。

民國九年，圓瑛在北京講經，參衆兩院及國務諸人發起，聽衆數百，皆上流人物，一日有一大學教員，係唯物派，立一難題，謂佛教唯心之理，的確不能成立，我問何以見得？彼云：法堂之前，現今沒有馬，請法師心想一馬，能現馬，則唯心之理方可成立。我問：閣下知趙子昂善畫馬乎？曰知。又問：豈不聞子昂一日臥在床上，心想馬之狀態，不覺精神所注，居然變作一馬，適其家人入室，見一馬在床，於是驚喚，子昂問何故？家人卽以其事告之，子昂忽然豁悟，一心想馬，居然變馬，如果一心想佛，豈不成佛？從此不畫馬而畫佛，請道子昂所現之馬，是唯心現耶？唯物現耶？這段事實，可作萬法唯心之鐵證。

次說衆生卽佛，衆生乃動物之總名，凡有情識者，皆名衆生。經云：蠢動含靈，皆有佛性，因一切衆生，莫不有心，既是有心，則是心本來是佛，是心皆可作佛。何以故？佛者、覺也，一切衆生，個個俱有本覺之佛性，故云：一切衆生，本來是佛。或問：衆生既本是佛，何以現有種種煩惱？而無智慧光明。答云：衆生雖具本覺之性，而今迷而不覺，將本覺佛性，埋沒於妄想煩惱之中，雖在煩惱之中，其性不變，與佛無二。故華嚴經云：心佛及衆生，是三無差別。若不加修證，則但名素法身，而無福慧種種莊嚴，譬如金在鑛中，本來是金，若不加以煅煉之功，渣滓未淨，精金未純，則終名爲鑛，不名爲金，而無光明，亦無價值。衆生亦復如是，雖本是佛，妄想煩惱未除，佛性不顯，則終名衆生，不名爲佛，若肯修煉，則大地衆生，皆當作佛，亦如鑛沙，一經煅煉，皆可成金。

又如國民，個個具有大總統之資格，若不注重道德，研究學問，則終不能被舉爲大總統。雖然心卽是佛，尚待修成。各各從此應生覺悟，佛心本來清淨，當除三毒諸惡濁心，當發六度之菩提心。何謂六度？佛說六種法門，能度六種蔽惡之心：甲布施度慳貪；乙持戒度毀犯；丙忍辱度瞋恨；丁精進度懈怠；戊禪定度散亂；己智慧度愚癡，六度具合萬行。佛教大乘修行，一定要修六度，六度滿足，方證佛果菩提。印度語菩提，漢文譯爲覺道，卽佛道也。能發修行六度之心，是爲發菩提心。

布施、有三種：一、財施：非獨錢施，凡資生之物，皆名外財，本人身命身力爲內財。六度以布施爲第一者，因衆生個個厭苦求樂，欲修大乘之行，必先以內財外財，布施衆生，拔其苦惱，與以安樂，令得利益。釋迦過去劫中，修六度行，有一世爲須大拏太子，以財寶物件，種種布施，乃至以妻子施。又一世爲尸毗王，割肉餵鷹，乃至以全身布施一切衆生。慳貪心最重者，莫過於貪己身，此身可捨，則根本我愛之貪心破除矣，故得度慳貪；一切衆生見聞感化，亦得度他慳貪。

二、法施：以自己所覺悟之法，或有益於人生，或有裨於世道，自覺覺他，盡力宣傳，隨機勸化，必令衆生均沾法益，不存絲毫悋法之心。

三、無畏施：能以無畏施衆生，如衆生經過險道，心畏搶劫，能爲擁護，令其安然得過；又如衆生忽染疾病，心畏死亡，能爲醫治，令其卽日痊愈等，皆無畏施也。世界之人，能行佛敎大乘布施之度，則一切慈善公益，敎育善舉，自可日見發達，社會中全無失敎失養之人，而一切詐欺取財，侵佔田產，擄人劫物，爭權奪地，種種惡風，自可殄息矣。何以故？人修布施而度慳貪故。

持戒亦有三種：一、攝律儀戒：攝持戒律，具足威儀，卽無惡不斷也。非但大惡不爲，卽小惡亦復杜絕，恐防引蔓牽延，如一星之火，能燒大山。二、攝善法戒：修行善法，不起分別，卽無善不修也，非但上善力行，卽小善亦復不捨，以期漸積功德，如滴瀝之水，終盈大器。三、饒益有情戒：有情卽動物之總稱，個個皆具有情識，故奉行衆善，普度一切，卽無衆生不度也。非但親屬度脫，卽寃家亦復救濟，所謂寃親平等，如一雨所滋，普潤萬物。世界之人，能行佛教大乘持戒之度，則人人身不行惡事，口不道惡言，意不起惡念，羣趨道德之正軌，共享和平之幸福，自可化干戈爲玉帛矣。何以故？人修持戒而度毀犯故。

忍辱、亦有三種：一、事忍：忍字工夫，本是難做的，卽看字樣，便知是難。上是一個刃，刃者，尖刀也；下是一個心，以尖刀揷在心上，試問難過不難過，此過得去，忍得住，便是工夫。辱有多種：侮辱、凌辱、打辱、罵辱、乃至殺辱，總而言之，是爲逆境。

事忍者：但凡辱境之來，必定不可與其計較，總要退一步，讓三分，持起忍力而忍之，此名力忍。若忍力不足，忍不住心中瞋怒勃起，當更作一反忍，不要瞋恨於人，自當反責諸己，定是我之不好，所以受辱，若細思自己，的確無有不好處。乃他無故加辱，又當反想，或是我前世辱他，今生應當還報不然，何以他不辱餘人，獨辱於我？如是反責、反想、是名反忍。此兩者雖能忍之於心，不與計較，不圖報復，然心中猶記得受辱之事，未及於忘；再當進一層，併將辱事不懷於心，如鏡照像，過而不留，是名忘忍。伯夷叔齊不念舊惡，卽此忍之工夫，所以稱爲古之賢人。此三者，雖工夫漸次增進皆屬事忍。

二、理忍者：依理觀察，本來無我，此身四大假合，妄有功用，衆生妄執實我，我見既存，人見斯立，人我對待，順逆境起，凡拂逆之來，亦執實有受辱之我，加辱之人，中間辱境，不了一切，皆如夢幻，無有眞實。佛敎人忍辱之法，卽觀此身，夢幻本非實我，我見既泯，人見亦亡，人我兩空，辱境何在？不但無辱可忍，卽能忍之我，亦不可得，此亦名觀忍。

三、慈忍：慈者慈愍，既受其辱，不但不圖報、不瞋恨，更生慈愍之心，愍其愚癡，妄行加辱於人。若遇不忍之人，或力量比其較大者，卽當受報復之苦，又造加辱之惡因，縱使人人不與計較，依因感果，必招惡報。如是愍其受苦，多方勸諭，種種教化，而度其心，令得改惡從善。此卽佛教冤親平等，雖是冤家也要度他。如釋迦如來，過去劫中，爲忍辱仙人，被歌利王割截身體，節節支解，不生瞋恨，還要發願，將來成佛先行度他，佛先度脫陳如，卽歌利王後身是也。世界之人，能行佛教大乘忍辱之度，則人人處辱如無，待冤如親，又何有爭論殺伐之事，則法庭軍隊，皆成虛設矣。何以故？人修忍辱而度瞋恨故。此忍辱度工夫，世人持身涉世，逆境居多，最要學的。

精進亦有三種：一、莊嚴精進：誓成無上佛道，勤修福慧莊嚴佛果，經三大阿僧祇譯無數劫，難行能行，難捨能捨，難忍能忍，一心精進，皆不退轉。二、攝善精進：誓斷無盡煩惱，誓修一切善行，諸惡莫作，衆善奉行，乃至不惜穿針之福，一心精進，全不放逸。三、度生精進：誓學無量法門，誓度無邊衆生，如地藏菩薩發願云：衆生度盡，方證菩提，地獄未空，誓不成佛，經恆沙劫，一心精進，全無疲倦。世界之人，能修佛教大乘精進之度，則人人見善如不及，利生爲己任，廣行方便，莊嚴佛土，世界自呈一種好現象矣。何以故？人修精進而度懈怠故。

禪定、亦有三種：一、凡夫禪：三界之內，有情衆生，厭下（指欲界六天、及餘五趣）苦麤障，欣上（指上色界、無色界、二十二天）淨妙離，乃修四禪天、四空天、八種世間禪定，雖然漸次增進，總屬有漏，未出三界，不成聖果。二、二乘禪：卽阿羅漢，辟支佛二種人修證，視三界如火宅，見生死如冤家，乃抱厭世主義，以求獨善其身，趣向偏空，耽着寂定。三、大乘禪：卽大心菩薩發大願、修大行，不捨塵勞，而作佛事，終日對境，不被境轉。如云：長安雖鬧，我國指自心安然，又所謂：那伽常在定，無有不定時也。世界之人能修佛教大乘禪定之度，則人人攝心在定，不爲財色所動，雖處塵勞，不被塵勞所染矣。何以故？人修禪定而度散亂故。

智慧、亦有三種：一、我空智：大根衆生，了知諸法本來無我，此身四大和合，假名爲我，猶如幻人，無有眞實，而能破除我執，名我空智。二、法空智，了知世出世間，一切諸法，皆因衆生眞心隨緣之所顯現，如夢中境，夢時非無，及至於醒，了不可得。一切諸法，迷時觀之似有，悟後觀之，其性本來自空，不執實有，而能破除法執，名法空智。三、俱空智：了知我法皆空，若住於空，亦屬執空之病，是爲空結未除，併空亦空，卽金剛經云：「應無所住，而生其心。」乃得俱空智。世界之人，能修佛教大乘智慧，則人人了知我法皆空，不起執着，不生憎愛，貪瞋癡等諸惡濁心，一切皆除，自可轉黑暗世界而成光明世界矣。何以故？人修智慧而度愚癡故。

總上六度妙行，大乘眞宗與人生社會均有莫大裨益，可以維持國民道德，日進於至善之地，可以補助國家政治法律之不逮。果地球上各國政府而能崇尚佛敎，以此化世，則民奚患不良，國何憂不治，安用汲汲然籌戰備、練隊伍；獨不思軍事愈進步，則世界愈紛擾矣。

佛敎大乘敎理行果　廈門大學校

諸位！佛法甚深，猶如大海，非香象莫窮其底。圓瑛才庸智淺，祇嘗染指之味，今承貴校寵招講演佛學，略述一二，惟希指正！

我佛釋迦牟尼，捨金輪王位，十九出家，三十成道，悟明一切衆生，本來是佛。衆生，卽動物之總名稱。十法界除佛法界，其餘菩薩法界、緣覺法界、聲聞法界，上爲四聖。天法界、人法界、阿修羅法界（此類比天則劣，比人則勝，居須彌山，人不能見，鬬爭心極重）、畜生法界、餓鬼法界、地獄法界，此爲六凡。從菩薩起，九界皆可稱衆生。所云本來是佛者，因各各具有本覺佛性，雖然現今迷而不覺，而本覺佛性，仍各不失，所以我佛當時臘月八夕，覩見明星出現，忽然悟道成佛，三歎奇哉，一切衆生，具有如來即佛之通號智慧德相，祇因妄想執着，不能證得，若離妄想，則無師智，自然智，一切顯現。智慧德相者，卽衆生本具佛性之靈知妙用也。妄想執着者，卽衆生我執、法執，二種心病也。心病若除，則靈知妙用任運現前。譬如銅鏡，本具光明照用，因一向未磨，塵垢障蔽，所以光明不能透露，不可謂無光明。衆生亦復如是，本來是佛，具有靈知妙用，因一向未修，妄想日積日厚，我法二執不離，所以佛果不能證得。佛因覺悟此理，成佛後欲以自覺之道，普覺衆生，所以卽說華嚴大乘教法，以轉無上根本法輪，無奈衆生根機大小不一。

大根者，久植德本，根機勝利，能見舍那佛身，能聞圓頓大教。小根者，雖在法會，根機愚鈍，不見舍那佛身，不聞圓頓大教。如來觀察大教，不契小機，悲懷不置，由是不得已隱大施小，而說阿含小教，卽小乘教，令衆生破除我執，轉凡成聖；然後再說大乘教，令得轉小成大。乘者、車乘，有運載義，此從喻立名，小乘能除我執之病，能運衆生，從凡夫地，而至二乘地，如果大乘能除我法二病，能運衆生，從凡小地而至如來地。

何謂我執？衆生妄執此身爲我，不了色心假合，本非眞實，一期幻報，有生必滅。因衆生迷無我之眞理，妄執實我，卽是心病，此病一起，卽能生貪瞋癡等種種諸病。現今世人，皆認此身爲我，皆存愛我之心，於是百計營求，貪財爲我受用，貪色供我娛樂，貪名圖我榮耀，貪食養我肢體，貪睡求我安逸，一一皆是爲我，若有拂我所貪之財色名食睡五者，卽起瞋怒之心。不知財色名食睡，爲地獄五條根，卽因貪瞋而造種種惡業，隨業墮落。請世人一一觀察，無不是因我而起貪瞋等病，而造諸業，而受種種之報。

何謂法執？衆生妄執世間一切諸法，出世間二乘涅槃，菩薩所有修證，不了隨業妄現，皆如夢幻，迷法空理，妄執諸法，心外實有，亦是心病。界內衆生，心起法執，必定造業，界外衆生，心起法執，不能究竟。大凡世人身軀有病，無論內科外科，可請中西醫，用中外藥品，而能療治。而衆生我法二執心病，雖中西最著名之醫士，與最良好之藥品，悉皆罔效，惟有如來法藥，方克有功。法藥卽大小兩乘之敎，能治衆生我法二執之病，是爲法藥。

佛說兩乘之敎，不出敎理行果四種階級。如表：

四種者
- 教——聲名句文——能詮之教
- 理——卽是教中——所詮之理
- 行——依理所起——進修之行
- 果——由行所證——諸乘之果

衆生依此而
- 起信
- 生解
- 造修
- 得證

今對貴校，但講大乘之教理行果，卽如教育家，對小學程度則授以小學教科書，對大學程度必授以大學教科書，若對大學諸君，而談小乘學說，恐反生疑，故獨講大乘之教理行果。

一、教者：如來開示衆生之言教，具有聲名句文四法，能詮如來道理，令人起信，佛法大海，信爲能入。大乘之教，說萬法唯心，四聖六凡，十法界依正因果種種諸法，皆唯心所現，心爲諸法之體，諸法是心之用，此心非是肉團心，乃是人人本具之如來藏心。藏心有二義：一不變隨緣義：眞體不變，能隨染淨諸緣。二、隨緣不變義，雖隨染淨諸緣，其體依然不變，藏心如水，染淨諸緣如冷暖之氣，水隨冷氣之緣，則結成冰，雖結成冰，全體是水。若隨煖氣之緣，復融爲水，切勿離冰，更覓乎水。信此者，爲信大乘教。

二、理者：卽教中所詮唯心之理，萬法唯是一心，心外本來無法。譬如依金作器，器器皆金，金外更無實器可得，心外無有實法可得，亦復如是。令人解此大乘之理，不起法執，卽能對治衆生法執之病，於界內諸法不起貪著，於界外涅槃不生法愛。解此者，爲解大乘理。

三、行者：卽依理所修圓頓之行，不同凡夫著有之行，亦不同外道小乘著空之行。凡外小乘所著空有二邊之行，皆非成佛眞因。大乘菩薩所修稱理觀行，先悟理非空有，故不著空有二邊，而修自他兩利之行。自利行，雖知上無佛道可成，任運圓修三觀，圓斷二執，求成佛道。利他行，雖知下無衆生可度，任運圓修六度，圓具萬行，普度衆生。正所謂修習空華萬行，晏坐水月道場，降伏鏡裏魔軍，大作夢中佛事。此中四喩，皆喩非空非有，亦空亦有，雖修萬行，普度衆生，修卽無修，不著度生之相；雖坐道場，而成佛道，得無所得，不著成佛之相；雖是降魔，渾如鏡像；雖是說法，卽大作佛事，不異夢境：修此者，爲修大乘行。

四果者：卽依因行所感之果，有分證滿證之別。分證者，破一分無明，見一分法身，證菩薩果。滿證者，煩惱惑盡，菩提智滿，證入佛果，名得無上正等正覺。

無上——佛居十界之尊，無有何人更加其上。

正等——佛得眞正平等，了知萬法惟是一心。

正覺——佛得至正滿覺，圓證一心具足衆德。

此卽究竟極果，證此果已，二執（我執法執）永盡，二死永亡（三界內分段生死、三界外變易生死），福慧兩足，名得涅槃（此是梵語、譯云不生不滅）。證此者，爲證大乘圓極之果。

諸公身列大學界，今日之學者，卽他日之博士，一切學說，皆應研究。況佛學可以解釋哲學之疑點，又與德智二育有密切之關係，請閒嘗研味，自可獲益。圓瑛講演不充分處，統希原諒！

國家圖書館出版品預行編目資料

圓瑛法師開示語錄／圓瑛法師著. -- 1 版. -- 新北市：華夏出版有限公司, 2023.09
面； 公分. --（圓明書房；020）
ISBN 978-626-7296-31-8（平裝）
1.CST：禪宗 2.CST：佛教說法

226.65 112005662

圓明書房 020
圓瑛法師開示語錄

著　　作　圓瑛法師
輯　　錄　明暘法師
印　　刷　百通科技股份有限公司
　　　　　電話：02-86926066 傳真：02-86926016
出　　版　華夏出版有限公司
　　　　　220 新北市板橋區縣民大道 3 段 93 巷 30 弄 25 號 1 樓
　　　　　電話：02-32343788 傳真：02-22234544
E-mail：　pftwsdom@ms7.hinet.net
總 經 銷　貿騰發賣股份有限公司
　　　　　新北市 235 中和區立德街 136 號 6 樓
　　　　　電話：02-82275988 傳真：02-82275989
　　　　　網址：www.namode.com
版　　次　2023 年 9 月 1 版
特　　價　新台幣 220 元（缺頁或破損的書，請寄回更換）

ISBN：978-626-7296-31-8